des villes
pour une petite planète

Édition déléguée :
Olivia Barbet-Massin / Les Trois Frères

Conception graphique :
(L) design

Couverture :
Catherine Lattuca

Lecture-correction :
Pascale Sarfati

Fabrication :
Luc Laumailler

ISBN : 2-281-1131-1

Première édition en langue anglaise :
Cities for a small planet
Publié par Faber and Faber, Londres, 1997

les villes pour une petite planète

Richard Rogers

Philip Gumuchdjian

Traduit de l'anglais par Claudine Gilbert et Jean Duriau

Les Éditions du Moniteur tiennent à remercier Robert Lion sans qui le projet de l'édition française de *Cities for a Small Planet* n'aurait pas vu le jour.

Note de l'éditeur

À l'orée du XXIe siècle, le phénomène urbain a pris une ampleur telle qu'il suscite les interrogations les plus diverses, nombre de réflexions contradictoires et prises de position de toute nature. Légitimes et angoissantes, les questions « Les villes ont-elles encore un avenir ? » ou « La ville existe-t-elle encore ? » (cette dernière posée par *Le Monde des débats* d'octobre 2000) ouvrent un champ d'investigations multiples, mais restent souvent sans réponses satisfaisantes. Certes, on s'accordera volontiers sur la nécessité d'insuffler dans l'urbain « plus d'éthique et moins d'esthétique » (thème de la 7e Exposition internationale d'architecture de Venise, du 18 juin au 29 octobre 2000), et tous les esprits convergent vers l'idée que se noueront au cœur des cités anciennes et nouvelles la survie et l'avenir du monde. Mais l'incertitude est vaste.

Élément fort du débat, proposition structurée pour le futur, manifeste urbain, le petit livre dont la première édition a paru en 1997 sous le titre *Cities for a Small Planet* eut d'emblée un grand retentissement bien au-delà des limites du Royaume-Uni. Le seul nom de Rogers suffit sans doute à ce que sa prise de position pour un urbanisme revisité par la préoccupation écologique dépasse largement le landerneau londonien. Mais l'événement en soi sortait du cadre habituel d'un point de vue de grand architecte : dans *The Guardian*, John Vidal l'a même considéré comme un « appel aux armes », et dans le *Times Higher Education Supplement*, Vicenzo Ruggiero s'est déclaré persuadé de ce que le livre de Rogers est « un classique en puissance, un livre qui peut revendiquer sa place dans la littérature urbaine ». Le bouche-à-oreille a fait le reste.

Dans sa version originale, *Cities for a Small Planet* a donc aussi acquis ses lettres de noblesse très tôt dans l'Hexagone. L'importance de ce texte justifiait cependant qu'il en existât une version en français de façon à permettre à chacun – surtout au sein des jeunes générations et, tout particulièrement, chez les étudiants en architecture et urbanisme – d'en apprécier la profondeur et d'en tirer les enseignements qu'il convient.

C'est dans cette perspective que les Éditions du Moniteur ont entrepris la traduction et l'adaptation en français, aboutissant à *Des villes pour une petite planète* que vous avez entre les mains et qui paraît à l'occasion des Rendez-vous de l'architecture (15-17 novembre 2000, Grande Halle de la Villette, Paris), centrés sur le devenir de la ville avec un titre en forme de slogan : *Transforma(c)tions.*

Puisse ce petit livre contribuer à la « transforma(c)tion » des villes du monde !

Paris, octobre 2000

Remerciements

La beauté de la pratique de l’architecture réside dans le fait qu’elle est une expérience globale, une aventure, un plaisir partagés avec d’autres. Je suis redevable à bon nombre de gens dont je ne peux citer ici que quelques-uns :

Mon ami et coauteur, Philip Gumuchdjian, qui a travaillé avec moi sur toutes les conférences et sur ce livre, ligne après ligne ; Ben Rogers, qui m’a incité à clarifier ma pensée et mon écriture ; Ricky Burdett pour son aide dans la définition d’une stratégie d’ensemble.

Les professeurs Peter Hall et Edward Pearce ; Herbert Girardet, Roy Porter, Ian Ritchie, Sir Crispin Tickell, Alan Yentob et Ruth Rogers ; Brian Anson et le Dr Anne Power dont la connaissance des problèmes de la pauvreté a été une source d'inspiration constante.

Pippo Lionni et Bruno Charpentier, de L design, qui ont conçu ce livre ; Magnum et Greenpeace qui nous ont assistés dans la recherche iconographique ; Antony Denselow, producteur à la BBC des *Reith Lectures* et Steve Cox. Et Andrew Right, Robert Webb, Jo Murtagh, Fiona Charlesworth, Emma England, Martha Fay et tous ceux dont la contribution constitue la matière de ce livre.

Et surtout l’ensemble de mes partenaires, John Young, Marco Goldschmied, Mike Davies, Laurie Abbott et Graham Stirk, dont les idées sont librement reprises dans ce livre qu’ils ont généreusement parrainé.

Richard Rogers

Sommaire

Introduction de Sir Crispin Tickell 10

1 La culture des villes 19
2 Des villes durables 45
3 Une architecture durable 89
4 Londres : la ville humaniste 129
5 Des villes pour une petite planète 175

Bibliographie 211
Index 212
Biographies 215

Introduction
Sir Crispin Tickell

Avec ses *Reith Lectures,* Richard Rogers a, en 1995, stupéfié beaucoup de gens. Il leur a fait voir les villes – leur passé, leur présent, leur avenir – sous un éclairage nouveau. Le familier devenait ainsi exotique. Sous sa tutelle, les pratiques quotidiennes de la vie en ville, le flux et le reflux des marées humaines entrant et sortant des villes le matin et le soir semblaient presque dangereux. Parallèlement, il ouvrait des perspectives d'autres choix pour l'avenir et, de ce fait, apportait une merveilleuse sensation de libération.

Les villes sont d'abord, et de façon évidente, des organismes qui engloutissent les ressources et rejettent des déchets. Plus elles s'étendent et se complexifient, plus elles dépendent de leur espace environnant et plus elles deviennent vulnérables aux changements. Elles sont à la fois notre fierté et notre fléau. Dans la nature, nous ne sommes pas les seuls êtres à fabriquer des villes. Comme l'écrivait Lewis Thomas à propos des fourmis : « Elles ressemblent tellement aux êtres humains qu'elles nous embarrassent. Elles cultivent des champignons, élèvent des pucerons en basse-cour, lèvent des armées pour combattre, font usage d'armes chimiques pour affoler et semer la confusion chez l'ennemi, capturent des esclaves...

Elles échangent sans cesse des informations. Elles font tout sauf regarder la télévision. »

À l'image d'autres animaux qui ont réussi à survivre et à se développer, l'espèce humaine a appris à s'adapter aux nouveaux environnements. Mais à la différence des autres espèces, les êtres humains ont fait beaucoup mieux que survivre et se développer, leur réussite a été phénoménale. Et ce, grâce à leur capacité à adapter leur environnement à leurs propres besoins d'une façon qu'aucun autre animal ne peut égaler.

Selon une croyance enracinée, le progrès humain, à une ou deux erreurs près, serait allé crescendo. En fait, peu d'éléments corroborent cette tendance. Toutes les civilisations urbaines précédentes se sont effondrées. La première fut peut-être celle des Harappa dans la vallée de l'Indus, il y a quelque trois mille cinq cents ou quatre mille cinq cents ans. La destruction des forêts et la suppression des couches arables ont fait régresser l'humidité, même en été. Avec la brusque diminution des précipitations, la baisse de fertilité du sol et l'augmentation de la population, la société Harappa a perdu ses ressources naturelles fondamentales et s'est effondrée. Il s'est peut-être passé la même chose dans la vallée du Tigre et de l'Euphrate comme dans le Mexique précolombien, et c'est ce qui arrive aujourd'hui dans certaines parties de la ceinture du Sahel à travers l'Afrique.

Les causes premières de ces effondrements sont multiples. Mais toutes dépendent de trois variables : population, environnement et ressources.

On pense qu'environ 10 millions d'êtres humains peuplaient la Terre à la fin de l'ère glaciaire, il y a douze mille ans. L'apparition de l'agriculture, la spécialisation des fonctions humaines et la croissance des cités entraîna une prolifération rapide. Déjà, à l'époque de Thomas Malthus, alors que la révolution industrielle commençait à peine, la population était d'environ 1 milliard.

Vers 1930, elle avait atteint 2 milliards. Elle est aujourd'hui de 5,8 milliards et, vers 2025, sauf catastrophe, la population atteindra 8,5 milliards. De nos jours, plus de 90 millions d'êtres humains naissent chaque année, soit l'équivalent d'une nouvelle Chine (à l'heure actuelle, 1,2 milliard) tous les douze ans.

C'est dans les villes que le taux de croissance est le plus rapide. En 1950, 29 % de la population mondiale vivait en ville. En 1965, 36 % ; en 1990, 50 % et vers 2025, il pourrait s'agir de 60 %. Le taux de croissance annuel mondial de la population urbaine entre 1965 et 1980 était de 2,6 % ; mais, entre 1980 et 1990, il a été de 4,5 %. La quasi-totalité de cette augmentation se retrouve dans les pays pauvres, ceux qui, par définition, ont le moins de ressources et la plus faible capacité à traiter leurs déchets.

Il va sans dire que plus il y aura de monde, plus ces problèmes empireront. La plupart des ressources sont renouvelables, et même celles qui ne le sont pas – par exemple, les combustibles fossiles – peuvent généralement être remplacées. Le problème primordial aujourd'hui est que la pression exercée par la consommation peut empêcher le renouvellement des ressources ou le retarder de beaucoup.

Quoi qu'il en soit, la dégradation de l'environnement n'a fait que s'accélérer. L'exemple le plus manifeste est la manière dont le sol est utilisé. Selon les données du rapport annuel 1993-1994 des Nations unies sur l'environnement, 17 % des terres dans l'ensemble du monde ont été endommagées à plus ou moins grande échelle depuis 1945.

La qualité de l'air s'est aussi détériorée. Selon les estimations du gouvernement américain, la pollution de l'air a déjà réduit la production agricole américaine de 5 à 10 %. Elle a probablement des effets bien pires en Europe de l'Est et en Chine.

Vers le milieu du siècle à venir la demande pressante d'approvisionnement en nourriture émanera de plusieurs points du globe : longtemps nous y avons échappé grâce à la révolution verte, mais les chances d'une nouvelle révolution de ce type sont faibles. Jusqu'à récemment, le principal problème de la nourriture était sa distribution. Il n'en est plus de même. Les récentes perturbations climatiques alliées à une demande constamment croissante pourraient entraîner le monde dans une période de pénurie.

La demande mondiale en eau potable double aujourd'hui tous les vingt ans. Cependant, même si nous pouvons économiser et mieux utiliser nos ressources en eau, les réserves disponibles sont restées pratiquement les mêmes depuis l'ère glaciaire. Les villes doivent chercher de plus en plus loin les sources d'eau. Rien d'étonnant à ce que l'enjeu que celles-ci représentent soit à l'origine de l'un des plus anciens conflits de l'histoire de l'humanité – un conflit qui pourrait, à l'avenir, devenir de plus en plus dangereux.

La limite de notre capacité à faire diminuer les polluants est visible partout. Le traitement des déchets pourrait très vite devenir un problème aussi important que celui de la consommation des ressources. Les décharges qui débordent à travers le monde industriel, le transport transfrontalier de cargaisons dangereuses et les contaminations de plus en plus fréquentes des eaux de surface, dont nous dépendons, sont autant de rappels que la capacité de la terre à absorber nos déchets n'est pas illimitée.

Autre problème, les pluies acides qui représentent un danger pour ceux qui se trouvent sous le vent des complexes industriels ; mais c'est un problème à caractère essentiellement local qui peut être résolu s'il existe une volonté politique. La réduction de la couche d'ozone est plus grave. Les conséquences sur le métabolisme humain peuvent nous sembler alarmantes mais le problème essentiel pourrait bien être celui de ses effets sur d'autres organismes, et en particulier sur le phytoplancton des océans.

Ensuite, il y a les perspectives de changement de climat induit par l'homme. Habituellement le changement s'opère si lentement que nous ne le remarquons pas. Animaux, plantes et autres formes de vie ont le temps de s'adapter ou de migrer. La vallée de la Tamise en est un exemple. Il y a cent trente mille ans, elle était peuplée d'hippopotames amateurs de marécages ; il y a dix-huit mille ans, le renne et le mammouth parcouraient la toundra, non loin de la couche de glace qui pesait sur les terres du nord ; et il y a seulement neuf cents ans, les Français essayèrent de détruire, dans le sud de l'Angleterre, des vignobles qui devenaient trop concurrentiels.

Les douze mille dernières années ont été une période de climat relativement stable. Avant même la révolution industrielle, et en remontant aussi loin qu'à l'âge de bronze, des variations de climat localisées sont survenues, suite à des changements d'affectation de la terre, et en particulier la déforestation. Mais depuis le début de la révolution industrielle, il y a deux cent cinquante ans, nous avons, par nos activités, entraîné des perspectives de modifications au niveau mondial ou d'altération de l'ensemble du système climatique. Tout s'accélère. En dehors de ce qu'ils ont fait au sol (en Grande-Bretagne, pierre, brique et goudron couvrent environ 10 % du territoire), les hommes ont modifié la chimie de l'atmosphère en brûlant des combustibles fossiles ou des matières vivantes, en particulier en mettant le feu aux forêts.

Bien que demeurent quelques incertitudes scientifiques, nous sommes désormais engagés à un niveau mondial dans un processus de changement climatique qui aura deux conséquences majeures. Premièrement, la pluie tombera là où, avant, elle ne tombait que rarement et inversement. Il pourrait faire plus chaud ou plus froid, bien que le monde entier semble devoir vivre un réchauffement des températures moyennes. De tels changements sont souvent intervenus dans le passé. La deuxième conséquence affectera le niveau de la mer. Aujourd'hui, la hausse du niveau de la mer oscille entre 1,5 et 2 millimètres par an. Mais si la fonte des glaces qui est en cours venait à s'accélérer, cette hausse pourrait atteindre environ 50 centimètres avant la fin du siècle prochain.

Enfin, la destruction d'autres formes de vie soulève d'autres questions. Une telle destruction a un effet comparable à celui provoqué par la chute des masses tombées de l'espace. La dernière en date, parmi les plus importantes, a mis fin à la dynastie des dinosaures, il y a soixante-cinq millions d'années. Quand les archéologues du futur se pencheront sur les dépôts du dernier quart du millénaire, ils découvriront une rupture biologique aussi importante que toutes celles qui se sont produites par le passé. Ce ne sont pas des richesses fossiles qu'ils mettront au jour, mais des sacs plastiques et autres détritus abandonnés par les humains. Les conséquences sur l'équilibre du système écologique de la planète ne peuvent encore être mesurées.

On arrive ainsi à un cumul et à une conjugaison de risques énormes, chacun entraîné à un plus ou moins grand degré par l'augmentation de la population et la croissance des villes.

Au cours de l'évolution du comportement humain, depuis le chasseur-cueilleur jusqu'à l'agriculteur, voire le citadin, les villes sont apparues comme le symbole de la spécialisation des fonctions de l'homme. Richard Rogers montrera la valeur ajoutée qu'elles représentent dans la vie. Mais les villes concentrent les risques de manière aiguë. C'est dans les villes et les bidonvilles alentour qu'on trouve les conditions de vie les plus dégradantes. Jusqu'au siècle dernier les villes étaient considérées comme des endroits dangereux. Le taux de mortalité y dépassait celui des naissances et les villes ne pouvaient continuer d'exister qu'en attirant des gens de l'extérieur. Les villes et leur système de fonctionnement créent leur environnement propre. Il est de plus en plus menacé.

Dans les pages qui suivent, Richard Rogers analyse la culture des villes et leurs perspectives de durabilité. Comme tout organisme collectif, les villes sont vulnérables au changement. Nous devrions bientôt ressentir certains points de pression évidents, par exemple l'approvisionnement en nourriture, en eau et autres ressources physiques. Mais d'autres menaces se cachent derrière. En voici un ou deux exemples.

L'accroissement de la population, que ce soit dans ou hors les villes, signifie une pression plus grande sur l'environnement. Et aussi un plus grand nombre de réfugiés. En 1978, ils étaient moins de 6 millions, au sens strict du terme désignant toute personne fuyant la persécution pour des raisons politiques, ethniques ou religieuses. En 1995, ils étaient déjà près de 22 millions. Ces chiffres ne prennent pas en compte ceux qui fuient les catastrophes naturelles, certains traversant les frontières, d'autres se déplaçant à l'intérieur de ces frontières, et qui, selon la manière dont on définit le terme de réfugié, pourraient à eux seuls dépasser les 22 millions. Et ce seront les villes et leurs environs qui subiront la plus grande part des conséquences de ces flux humains.

Une hausse du niveau de la mer pourrait perturber l'existence des nombreuses populations vivant sur les côtes, près d'elles ou le long des estuaires. Les effets de cette hausse pourraient se conjuguer avec ceux de puissantes tempêtes et d'autres événements extrêmes – orages, sécheresses, ouragans, etc. – auxquels nous devons nous attendre du fait des changements climatiques.

Nous devons aussi nous préparer à de nouveaux types de maladies. Température et humidité influent grandement sur les cycles de vie des micro-organismes, depuis les insectes jusqu'aux virus en passant par les bactéries.
Par conséquent, les micro-organismes menacent directement la santé de l'être humain et des animaux. Nous constatons déjà un retour en force de certaines affections dont les agents sont devenus résistants aux médicaments actuels.
Les populations affaiblies pour d'autres raisons seront particulièrement vulnérables. Nous devons aussi prendre en compte les problèmes dus au drainage et à l'évacuation des eaux usées.
Ici encore, la vulnérabilité des villes est accrue par la surpopulation.

La pression exercée sur les villes du fait de la disparition des autres formes de vie est moins flagrante. Pourtant, la réduction de la diversité a une incidence sur les réserves de nourriture (déjà lourdement dépendantes de peu de souches génétiques), sur la médecine (largement dépendante des ressources végétales et animales). Mais le plus important reste les bienfaits de la nature : nous comptons sur les forêts et la végétation pour produire de la terre, pour la stabiliser et pour réguler les réserves d'eau en entretenant des bassins de captage, en récupérant les eaux de surface, en palliant les conditions extrêmes ; nous tablons sur des sols fertiles capables d'éliminer les polluants et nous comptons sur les substances nutritives pour recycler et résorber nos déchets. On ne peut imaginer de substitut à ces services naturels, qui tous participent du système de fonctionnement des villes. Si nous y touchons, le coût induit pourrait être inestimable.

Les villes sont aussi confrontées à des problèmes internes. Richard Rogers met bien en évidence leurs principaux facteurs. Presque toutes les métropoles ont commencé par être des villes, et presque toutes les villes étaient auparavant des villages. Plus les communautés s'agrandissent, plus elle perdent leur cohésion sociale. Des villes comme Londres, qui reste par bien des aspects un groupe de villages avec un grand centre, sont plus agréables à vivre que des agglomérations morcelées selon les activités et manquant de dimension humaine. Los Angeles a été nommée à juste titre la « ville de nulle part ». Les grappes de lourdes stalagmites de béton sont terriblement oppressantes pour l'esprit. Aujourd'hui encore, certains urbanistes souhaitent ardemment créer des ghettos sous forme de quartiers réservés à la grande distribution, de zones industrielles, de cités-dortoirs, de quartiers commerçants, etc., sans se rendre compte du coût social que cela entraîne pour l'individu. Il m'arrive de penser que la bonne santé mentale des citadins nécessiterait de revenir au principe des villes closes pour maintenir la cohérence de la vie urbaine dans l'enceinte et prévenir les attaques de l'extérieur. Mais les portes doivent toujours rester ouvertes.

Comme si cela ne suffisait pas, les villes souffrent aujourd'hui des coups de poignard portés par les routes, déchirures importunes infligées pour transporter le jouet favori de tous : la voiture. Richard Rogers examine la question du nécessaire équilibre entre transports public et privé, les conséquences destructrices de la priorité donnée à la voiture durant les cinquante dernières années, ainsi que la nature et l'éventail des diverses dépendances qu'elle entraîne. La recherche menée par le gouvernement montre que chaque année, en Grande-Bretagne, 19 millions de personnes sont soumises à des niveaux de pollution atmosphérique, excessifs d'après les directives internationales, qui sont le résultat de l'accroissement du trafic et de l'activité industrielle.

Cette accumulation de questions soulève de graves problèmes de gouvernance. Nous vivons déjà une sorte de crise de l'autorité. De plus en plus souvent, nous sommes amenés à nous demander si les gouvernements vont s'en sortir. Indubitablement, la souveraineté nationale n'est plus ce qu'elle était. À travers le monde, un déplacement de l'autorité est en cours : vers le haut, vers les institutions internationales auxquelles on demande de régler les problèmes globaux (même si la plupart d'entre elles sont sous-équipées pour cela) ; vers le bas, vers les collectivités locales, les organisations et les communautés locales ; et de côté, vers les citoyens qui communiquent directement entre eux, dans le monde entier, grâce aux merveilles des technologies de l'information.

Pourtant, nous vivons toujours dans un monde où les gouvernements demeurent le facteur décisif. La sensibilisation du public à de tels problèmes s'est largement étendue durant le dernier quart de siècle, mais peu de gens ont déjà tiré les conclusions radicales qui s'imposent. La majorité des changements s'effectuent à travers une succession de petits pas en avant, suivis de trébuchements ponctuels, puis d'un grand pas suivi d'autres petits pas. C'est pourquoi le progrès se fait lentement. Comme le faisait remarquer Lord Keynes, il est bien plus facile d'introduire une idée nouvelle que de se débarrasser d'une vieille. Et nous ne manquons pas de vieilles idées.

Certains principes, pour la plupart économiques, sont devenus monnaie courante. Celui du pollueur-payeur, par exemple, est en théorie admis.
Il en va de même pour le principe de précaution, qui consiste non seulement à faire attention mais aussi à ne pas laisser le doute entraver l'action préventive quand elle semble nécessaire. Il existe aussi une sorte d'accord confus sur un troisième principe : ces considérations environnementales devraient être au cœur des prises de décision, à quelque niveau que ce soit.

L'application de ces principes devrait pousser les gouvernements à faire des choses qui aient un sens, sans se fonder sur un seul et unique facteur. De ce point de vue, une autorité est essentielle. Tout comme est indispensable à la base la pression d'un public averti sur ces questions et ne tolérant pas les compromis mesquins.

On me demande parfois si je suis optimiste ou pessimiste. Je dirais que je suis optimiste car j'ai confiance en l'intelligence des hommes, et il existe des moyens de gérer ou tout au moins d'atténuer la gravité de la plupart des problèmes auxquels nous sommes confrontés. Mais je suis pessimiste quant à leur volonté car je doute que la raison seule suffise. Parfois nous avons besoin d'une secousse, voire d'une catastrophe, pour attirer notre attention et nous préparer à accepter le changement. Une catastrophe n'est pas le déclencheur idéal pour mener une politique prudente. Mais sans catastrophe, il nous est quelquefois difficile d'évaluer notre aptitude à changer nos valeurs fondamentales et nos aspirations.

Le livre de Richard Rogers est un message d'espoir. Il montre comment la ville équitable – et surtout la ville compacte – se doit d'être pluraliste et intégrée, diversifiée et cohérente. Nous savons tous que quelque chose ne va pas et que la situation pourrait empirer si nous ne réfléchissons pas à une autre forme de ville pour le futur. Si les fourmis sont capables de se construire des villes adaptées à leur taille, à leur caractère et à leur fonction, nous devrions être capables d'en faire autant. Pour reprendre les termes de Richard Rogers, il en résulterait une ville dense et pluricentrale, une ville où les activités se croisent, une ville écologique, une ville d'un abord facile, une ville équitable, une ville ouverte, qui n'en serait pas moins une très belle ville où l'art, l'architecture et le paysage pourraient émouvoir et satisfaire l'esprit. Richard Rogers montre comment faire une telle ville.

1 La culture des villes

« Pour démarrer notre relevé de la position de notre vaisseau spatial *Terre*, nous devons en premier lieu admettre que la profusion de ressources immédiatement consommables, manifestement tentantes ou absolument nécessaires, nous a suffi jusqu'à présent pour continuer d'avancer malgré notre ignorance. N'étant pas forcément illimitées, et de surcroît susceptibles d'être détruites, ces ressources n'ont pu répondre à nos besoins que jusqu'à ce moment critique. Cette marge d'erreur autorisée, grâce à laquelle l'humanité a pu survivre et se développer jusqu'à aujourd'hui, a ses limites, tout comme le liquide nutritionnel, fourni à un oiseau dans l'œuf, lui permet de parvenir à un certain stade de développement et pas au-delà. »

Buckminster Fuller,
Mode d'emploi de la planète Terre

1 En 1957, le premier satellite fut mis sur orbite. Il nous offrait un point de vue stratégique d'où nous pouvions nous regarder et marquait le début d'une nouvelle prise de conscience globale, un retournement radical dans notre rapport à la planète. Vue de l'espace, la beauté de la biosphère de la planète est saisissante – tout comme sa fragilité. Les panaches de la pollution, les plaies de la déforestation, les cicatrices de l'industrialisation, l'étalement de nos villes attestent que, dans notre course aux richesses, nous pillons systématiquement chaque aspect de notre système vital.

La survie de la société a toujours dépendu de la préservation de l'équilibre entre trois variables : la population, les ressources et l'environnement. La négation de ce principe a eu des conséquences désastreuses et fatales pour des civilisations antérieures. Comme elles, nous sommes nous aussi soumis aux lois de la survie mais, contrairement à elles, nous sommes la première civilisation à l'échelle mondiale et, de ce fait, la première à devoir faire face, au même moment et à travers le monde entier, à la fois à une augmentation de la population, à une diminution des ressources naturelles et à l'usure de l'environnement.

▲ *Page précédente*
Œuvre de l'homme

Preuve, vue de l'espace, de l'impact physique de l'homme sur la surface de la Terre. Aujourd'hui nous dessinons littéralement le visage de la planète. Avec 20 millions d'habitants, l'agglomération métropolitaine de Tokyo est la plus grande ville du monde. *Science Photo Library*

Au-dessus de nos têtes, au moment même où j'écris ces lignes, quelque quatre cents satellites, équipés d'instruments de mesures climatiques, étudient les processus côtiers, océaniques et polaires, nous envoyant constamment des prises de vue de la végétation et de l'atmosphère qui pointent les effets de la pollution et de l'érosion. Ces données sont cruciales, du fait des précisions qu'elles nous apportent sur les changements géologiques, le réchauffement de la planète et la réduction de la couche d'ozone. Les satellites sont les témoins de l'amorce d'une catastrophe environnementale d'une ampleur que l'humanité n'a encore jamais affrontée. Nous ne connaissons pas encore clairement les conséquences à long terme de nos niveaux de consommation actuels, mais au regard de l'incertitude des scientifiques quant à leurs effets précis, je soutiens que nous devons appliquer le « principe de précaution » et nous assurer que des actions seront engagées pour assurer la survie de l'espèce sur cette planète. Que ce soient nos villes qui génèrent cette crise environnementale est une révélation atroce, surtout pour un architecte. En 1900, un dixième seulement de la population vivait dans les villes. Aujourd'hui, pour la première fois dans l'histoire, c'est la moitié de la population, et dans les trente prochaines années, il pourrait s'agir des trois quarts. La population urbaine croît au rythme de 250 000 individus par jour, grosso modo l'équivalent d'un nouveau Londres chaque mois. L'accroissement des populations urbaines à travers le monde et les modes de vie largement inadaptés favorisent l'augmentation de la pollution et de l'érosion.

L'ironie veut que notre modèle d'habitat – les villes – soit le plus grand prédateur de l'écosystème et la pire menace pour la survie de l'humanité sur la planète. Aux États-Unis, la pollution des villes a déjà réduit la production agricole d'environ 10 %. Au Japon, les déchets rejetés par la ville de Tokyo sont estimés à 20 millions de tonnes par an et saturent déjà l'ensemble de la baie de Tokyo. La ville de Mexico absorbe littéralement ses deux rivières alors que la congestion de Londres, due à son énorme trafic, génère davantage de pollution de l'air aujourd'hui que ne le faisait la combustion du charbon pendant la période précédant le Clean Air Act (amendement sur l'air pur) de 1956. Ce sont les villes qui rejettent la majorité des gaz à effet de serre, et des personnalités officielles de renom, tel Sir John Houghton, membre du Comité consultatif sur les changements climatiques des Nations unies, nous alertent sur les conséquences désastreuses et prévisibles des niveaux actuels de production de ces gaz.

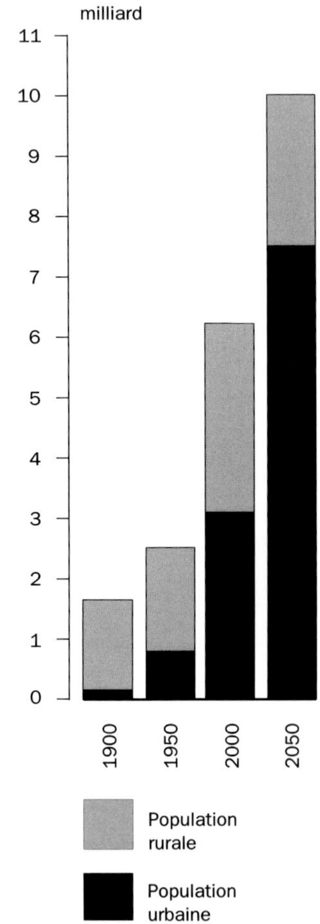

Croissance de la population mondiale

Le besoin des villes et leur croissance ne vont pas diminuer, mais le fait de vivre en ville, en soi, n'entraîne pas nécessairement l'auto-destruction de la civilisation. Je crois que nous pourrions faire évoluer l'architecture et l'urbanisme de sorte qu'ils nous offrent les outils indispensables à la préservation de notre futur, à la création de villes offrant un environnement durable. Ce livre tente de démontrer que les villes futures pourraient offrir le tremplin qui permettra de rétablir l'harmonie entre l'humanité et son environnement.

Mon optimisme tient à trois facteurs : la progression de la conscience écologique, des technologies de communication et de la production automatisée – des facteurs qui tous contribuent au développement d'une culture urbaine post-industrielle consciente de son environnement et socialement responsable. Partout dans le monde, scientifiques, philosophes, économistes, politiciens, urbanistes, artistes et citoyens exigent de plus en plus que la perspective globale soit intégrée dans les stratégies pour le futur. Le rapport des Nations unies intitulé « Notre futur commun » proposait le concept de « développement durable » comme épine dorsale de la politique économique mondiale : la satisfaction de nos besoins ne doit pas mettre en péril les générations futures et nous devons fermement axer notre développement en faveur de ceux qui constituent la majorité de la population mondiale : les pauvres. Le noyau de cette notion de « durabilité » est la redéfinition de la richesse pour qu'elle intègre le capital naturel : air sain, eau pure, couche d'ozone efficace, mer propre, terre fertile et grande diversité des espèces. Les moyens proposés pour assurer la protection de ce capital sont les réglementations et, plus important, une estimation chiffrée de l'utilisation par le marché de ce capital auparavant considéré comme illimité, et donc gratuit. L'ultime objectif du développement économique durable est de léguer aux générations futures un stock de capital naturel égal ou, de manière idéale, supérieur à celui dont nous avons hérité.

Nulle part la mise en œuvre du principe de durabilité n'est plus convaincante et bénéfique que dans la ville. En fait, les bénéfices à tirer de cette approche sont potentiellement si importants que l'environnement durable devrait devenir le principe directeur de la conception urbaine moderne.

Étalement urbain irresponsable

◄ Phoenix, Arizona.
La ville occupe aujourd'hui un territoire aussi vaste que celui de Los Angeles pour un tiers de sa population seulement.
David Hurn, Magnum

Si les villes dérèglent l'équilibre écologique de la planète, ce sont nos comportements sociaux et économiques qui leur ont fait prendre les orientations générant ce déséquilibre environnemental. Dans les pays développés comme dans ceux en voie de développement la capacité « de charge » des villes atteint ses limites. Les villes s'étendent à une telle vitesse que les schémas conventionnels utilisés pour permettre leur croissance sont devenus obsolètes. Dans le monde développé, le déplacement des individus et des activités des centres-villes vers le monde rêvé de la banlieue a engendré un développement massif de la périphérie, un déploiement généralisé des routes, une augmentation de l'utilisation de la voiture, des embouteillages et de la pollution – les meilleurs exemples en sont les villes de l'ouest des États-Unis, comme Phoenix et Las Vegas. Pendant ce temps, dans les économies en pleine expansion des pays en voie de développement, de nouvelles villes se construisent à un rythme et à une densité phénoménales, sans aucune considération pour l'environnement futur et l'impact social. Dans le monde entier, on assiste à une émigration massive des ruraux pauvres vers ces nouveaux lieux de consommation. Partout, leur sort est totalement négligé. Au sein du monde développé, les pauvres sont éjectés de la société de consommation, laissés pour compte et isolés dans des ghettos à l'intérieur des villes, alors que dans les villes en voie de développement, ils sont relégués dans des bidonvilles qui ne cessent d'enfler. Le nombre de résidents « non officiels » ou illégaux dépasse régulièrement celui des officiels.

Cette tendance a pour conséquence la baisse de vitalité des espaces urbains. Le théoricien des sciences politiques Michael Walzer a classé les espaces urbains en deux groupes distincts : les espaces d'« esprit étroit » et les espaces d'« esprit ouvert ». « Esprit étroit » représente un concept d'espace urbain qui remplit une fonction unique et qui émane généralement des décisions d'urbanistes et de maîtres d'ouvrage d'arrière-garde. « Esprit ouvert » se comprend comme étant plurifonctionnel et a évolué ou a été conçu pour une multiplicité d'usages auxquels chacun peut prendre part. La banlieue résidentielle, le lotissement, le quartier d'affaires, la zone industrielle, le parking automobile, le passage souterrain, la rocade, le centre commercial, la voiture elle-même favorisent les espaces d'esprit étroit. Mais le square animé, la rue pleine de vie, le marché, le parc, la terrasse de café sont d'esprit ouvert. Lorsque nous sommes dans le premier type d'espace nous sommes généralement pressés alors que dans les endroits d'esprit ouvert nous sommes davantage prêts à croiser le regard des autres et à participer.

Ces deux catégories d'espaces ont un rôle à jouer dans la ville. Les espaces d'esprit étroit pourvoient à notre très actuel et très pressant besoin de consommation personnelle et d'autonomie. Et en ce sens, ils sont très efficaces. Par opposition, les espaces d'esprit ouvert nous apportent quelque chose de commun : rassemblant diverses catégories de la société, ils engendrent un sentiment de tolérance, de conscience, d'identité et de respect mutuel.

Toutefois, ce que je veux souligner, c'est qu'en concevant les villes pour qu'elles répondent aux schémas inexorables des demandes individuelles, nous avons permis à la première catégorie d'éclipser la seconde. L'ouverture d'esprit a cédé le pas à l'étroitesse d'esprit et, dans son sillage, nous assistons à l'anéantissement de l'idée même de la ville globale.

L'accent est mis aujourd'hui sur l'égoïsme et le cloisonnement plutôt que sur le contact et la collectivité. Dans les nouveaux types de programmes urbains, les activités qui, traditionnellement, se recoupaient sont organisées dans le seul but de maximiser le profit des promoteurs ou des revendeurs. Les entreprises sont isolées et regroupées dans des parcs d'activités ; les commerces sont regroupés dans des centres commerciaux où l'on a tracé des « rues » de théâtre ; les foyers sont regroupés dans des banlieues résidentielles et des lotissements. Aux rues et aux squares de ce domaine public factice, il manque inévitablement la diversité, la vitalité et l'humanité de la vie quotidienne en ville. Pire encore, les rues existantes de la ville sont vidées de toute vie commerçante et ne sont guère plus qu'un no man's land pour piétons pressés ou voitures individuelles bien verrouillées. Aujourd'hui les gens attachent effectivement de l'importance à la commodité, mais ils ont aussi très envie d'une vie publique authentique, et les foules qui s'entassent dans les centres-villes le week-end en sont la preuve vivante.

La disparition de l'espace public d'esprit ouvert n'est pas seulement source de regrets : elle peut avoir des conséquences désastreuses et déclencher la spirale du déclin. Au fur et à mesure que le dynamisme des espaces publics s'amenuise, nous perdons l'habitude de participer à la vie de la rue. Les règles naturelles qui régissent la rue du fait de la présence humaine demandent à être remplacées par la « sécurité », et la ville elle-même devient moins hospitalière et plus aliénante. Bientôt nos espaces publics sont perçus comme purement et simplement dangereux et la peur fait son entrée en scène.

En conséquence, les activités deviennent encore plus sectorisées. Le marché de rue devient moins attrayant que le centre commercial sécurisé, le quartier universitaire se transforme en campus fermé et, au fur et à mesure que ce procédé progresse à travers la ville, l'espace public d'esprit ouvert recule. Les gens qui ont des biens se barricadent à l'intérieur de la ville ou partent à l'extérieur. Dans ces espaces fermés, privés, l'entrée est interdite aux pauvres, des gardiens se tiennent à la porte. Ceux qui n'ont pas d'argent sont comme ceux qui n'ont pas de passeport, une classe à bannir. La citoyenneté – notion de responsabilité partagée face à son propre environnement – disparaît, et la vie en ville se structure sur deux étages, les riches dans des enclaves protégées et les pauvres piégés dans des ghettos ou, comme dans les pays en voie de développement, dans de sordides bidonvilles. Nous avions créé les villes pour célébrer ce que nous avions en commun. Aujourd'hui elles sont conçues pour nous séparer les uns des autres.

Les villes tentaculaires des États-Unis, avec leurs ghettos, leurs cités-dortoirs pour la classe moyenne étroitement surveillées par la police, leurs centres commerciaux et parcs d'activités, révèlent très clairement cette tendance à la division. L'auteur californien Mike Davis décrit comment Los Angeles, théâtre d'émeutes successives ces dernières décennies, est devenue de plus en plus ségrégative, et même militarisée. À la périphérie on trouve la « ceinture toxique », un cercle de décharges monstrueuses, de dépôts de déchets radioactifs et d'industries polluantes. En progressant vers l'intérieur, on franchit les soi-disant banlieues résidentielles fermées ou gardées par des patrouilles privées et une zone d'autodéfense constituée de maisons pour la classe moyenne inférieure, puis on atteint un centre-ville, zone de tir libre, celle des ghettos et des gangs. Là, la Ramparts Division de la police de Los Angeles enquête régulièrement sur davantage de meurtres qu'aucune autre police locale dans le pays. Enfin, de l'autre côté de cette zone interdite, s'étend le quartier d'affaires lui-même. Disséminés dans cette zone, des caméras de télévision et des dispositifs de sécurité visionnent chaque piéton. Sur simple pression d'un bouton, l'accès est bloqué, des écrans pare-balles sont activés, des volets roulants à l'épreuve des bombes sont baissés. L'apparition d'un individu « louche » déclenche une douce panique. Les caméras vidéo tournent sur leurs supports. Les gardes chargés de la sécurité ajustent leurs ceinturons. Un nouveau type de citadelle émerge, qui compte non seulement sur les limites physiques, les hautes palissades, les barbelés et les portes imposantes, mais de plus en plus sur une quincaillerie électronique invisible.

À Los Angeles, la voiture est devenue la forteresse mobile. Les vitres teintées dissimulent l'identité des passagers, le verre pare-balles protège des attaques armées, les portes à fermeture centralisée peuvent en un instant être fermées de l'intérieur, engendrant une aliénation toujours plus grande de l'individu à la ville.

La situation à Houston est presque aussi inquiétante. Tout un réseau de rues souterraines – long de plus de 10 kilomètres – a été creusé sous le quartier d'affaires du centre-ville. Ce fastueux dédale, appelé avec une ironie involontaire le « système de connexion », est totalement privé. On ne peut y accéder depuis la rue mais seulement depuis les halls en marbre des banques et des compagnies pétrolières qui dominent la ville. Il en résulte l'apparition d'un autre genre de ghetto urbain. Les rues pleines à craquer de voitures sont laissées aux pauvres et aux sans-emploi, alors que les travailleurs aisés font leurs courses et règlent leurs affaires en toute sécurité et dans le confort de l'air conditionné.

Bien que les villes anglaises ou européennes n'en soient pas encore là, beaucoup portent en elles les germes de tendances similaires. Nous aussi avons vécu la retraite vers les banlieues et la pauvreté grandissante à l'intérieur des villes, le besoin croissant de sécurité et de transport privés, la prolifération d'espaces à l'esprit étroit.

Les villes engendrent une instabilité sociale désastreuse qui aggrave le déclin de l'environnement. Malgré l'augmentation des richesses au niveau mondial, qui dépasse largement celle de la population, les pauvres sont de plus en plus nombreux et de plus en plus pauvres. Beaucoup vivent dans un environnement sordide, et perpétuent le cycle de l'usure et de la pollution. Les villes sont destinées à héberger de plus en plus de pauvres. Il n'est pas surprenant que les sociétés et les villes qui manquent d'équité souffrent de vives différences sociales et génèrent de grands dégâts sur l'environnement – problèmes sociaux et environnementaux sont indissociables. Pauvreté, chômage, maladie, manque d'éducation, conflit – bref, l'injustice sociale sous toutes ses formes – minent les possibilités de développement durable des villes. Celles qui ont vécu une guerre civile, comme Beyrouth, celles qui souffrent d'une grande pauvreté, comme Bombay, celles qui ont rejeté une grande partie de leur population loin du courant de la vie, comme Los Angeles, ou celles qui ont pour seul objectif le profit, comme São Paulo, portent atteinte à leur environnement au détriment de tous. Il ne peut y avoir d'harmonie urbaine ou de réelles améliorations pour l'environnement sans droits de l'homme fondamentaux et sans paix.

Les villes des pays riches et développés renferment des communautés qui souffrent d'un grave manque de droits sociaux, mais c'est dans les villes à croissance rapide du monde en voie de développement que la crise de la pauvreté s'étend le plus rapidement. Non maîtrisés, les problèmes écologiques et sociaux de ces villes occuperont bientôt le devant de la scène. L'idée qu'une minorité de riches puisse continuer à tourner le dos à la pollution et à la pauvreté de ces villes et à vivre dans un confortable isolement, loin des lieux de désolation, tient de l'extrême myopie. Le manque d'égalité sociale est la force constante qui sape toute tentative pour harmoniser la société et humaniser ses villes.

Au-delà d'offrir des opportunités d'emploi et de richesse, les villes fournissent le cadre physique de la communauté urbaine. Au cours des dernières décennies, et partout dans le monde, le domaine public, les espaces libres réservés à l'individu, a été négligé ou grignoté. Ce processus a favorisé la polarisation des populations et, par là même, la pauvreté et l'aliénation. De nouveaux concepts d'urbanisme qui intègrent les responsabilités sociales sont nécessaires. Les villes ont grandi et se sont transformées en des structures tellement complexes et ingérables qu'il est difficile de se souvenir qu'elles existent d'abord et avant tout pour subvenir aux besoins humains et sociaux des communautés. De fait, on ne les voit généralement pas sous cet angle. Si vous demandez aux gens ce qu'ils pensent des villes, ils vous parleront plus sûrement de constructions et de voitures que de rues et de jardins. Si vous les questionnez sur la vie en ville, ils mettront plutôt en avant aliénation, isolement, peur de la criminalité ou embouteillages et pollution que communauté, participation, animation, beauté ou plaisir. Ils vous diront que les concepts de « ville » et de « qualité de vie » sont incompatibles. Dans les pays développés cette contradiction pousse les citadins à vivre isolés sur des territoires privés sous haute protection, séparant ainsi le riche du pauvre et dépouillant la citoyenneté de son sens profond.

La ville a été considérée comme une arène consumériste. L'opportunisme politique et commercial a empêché de maintenir l'accent du développement urbain sur la satisfaction des vastes besoins sociaux de la collectivité et l'a reporté sur celle des besoins circonscrits des individus. La poursuite de cet objectif étriqué a sapé la vitalité de la ville. La complexité de la communauté a été démêlée et la vie publique disséquée en composantes individuelles. Paradoxalement, en cette période d'émergence de la démocratie dans le monde, les villes radicalisent de plus en plus la société en un système de communautés isolées.

FEAR

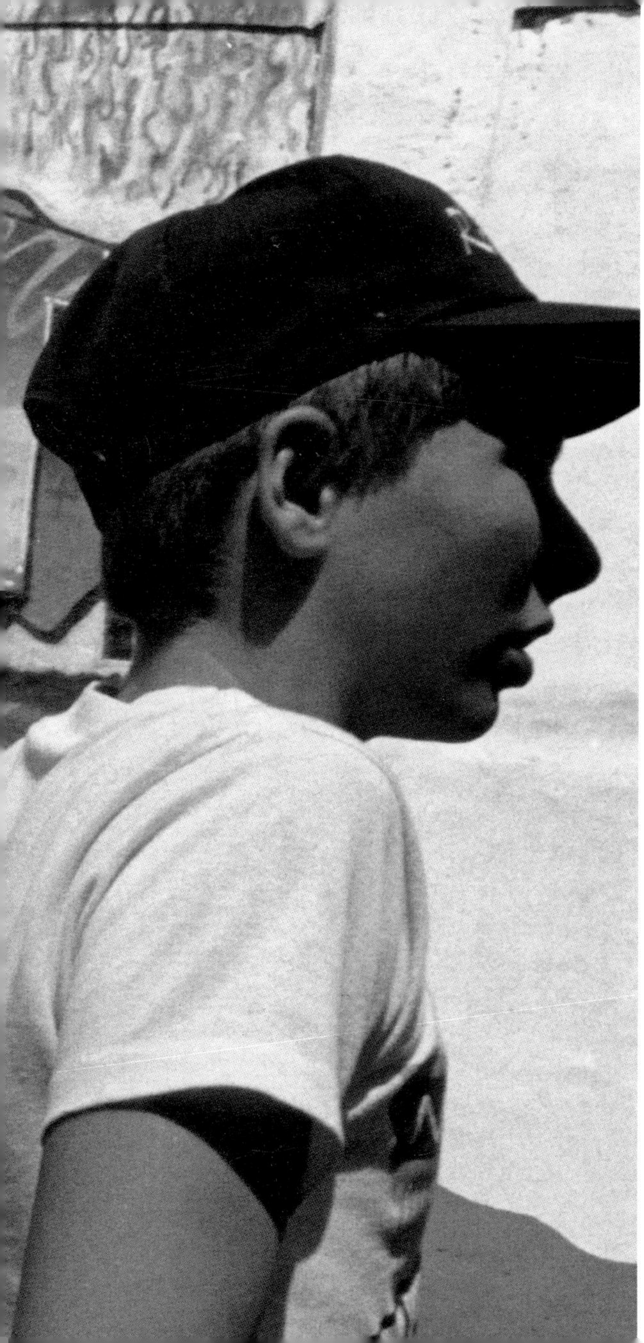

Une rue pour les riches

▲ Des cartes sécurisées permettent aux habitants de Houston qui viennent travailler ou faire leurs courses d'accéder à un passage souterrain climatisé ; les pauvres héritent des rues polluées situées en surface.
Simon Norfolk, The Independent

Une rue pour les pauvres

◀ Fear City (la cité de la Peur), Philadelphie, angle de Somerset Street et de A Street. Un des principaux lieux de revente de drogue. Une bande d'enfants vendant du crack.
Eugene Richards, Magnum

Toute tentative pour redresser la situation dépendra de notre capacité à mobiliser les individus et de leur sentiment d'appartenance à la ville, ce qui est absolument fondamental pour parvenir à la durabilité. La beauté du civisme est le fruit de l'engagement social et culturel des communautés qui composent une société urbaine. C'est une force dynamique qui colorie tous les aspects de la vie en ville, jusqu'au dessin de ses bâtiments.

Je crois passionnément en l'importance de la citoyenneté et à la vitalité et à l'humanité qu'elle stimule. La citoyenneté se manifeste dans des gestes civiques planifiés d'envergure mais aussi à petite échelle et dans les actes spontanés. Ensemble, ils créent cette riche diversité de la vie en ville. Les villes restent les grands aimants démographiques de notre époque car elles facilitent le travail et sont le terreau de notre développement culturel. Centres de communication, d'enseignement et d'entreprises commerciales complexes, elles accueillent d'énormes concentrations de familles ; elles focalisent et canalisent les énergies physiques, intellectuelles et créatrices. Les villes sont des lieux d'activités et de fonctions extrêmement diversifiés : expositions et manifestations, bars et cathédrales, commerces et opéras. J'adore cette mixité des âges, des races, des cultures et des activités, le mélange de communauté et d'anonymat, de familiarité et de surprise, et même cette sensation d'excitation dangereuse. J'aime leurs espaces majestueux et l'animation que les simples terrasses de café apportent aux rues, la gaieté du square public, ce regroupement de lieux de travail, de boutiques et de maisons qui font les quartiers vivants.

En me promenant à travers les célèbres espaces publics d'Europe – la Galerie couverte de Milan, les Ramblas de Barcelone, les parcs de Londres ou les espaces publics autour des marchés –, j'ai l'impression de ne faire qu'un avec la ville. Les Italiens ont même un mot pour décrire la façon dont les hommes, les femmes et les enfants interagissent avec les espaces publics de leur ville quand ils se promènent dans leurs rues et leurs squares le soir : la *passeggiata*.

Quand la Ville de Paris a accepté de nous laisser transformer la moitié du site réservé pour la construction du Centre Pompidou en place publique, elle encourageait précisément ce type de citoyenneté. C'est notre expérience des espaces publics historiques, tels que le Jamaa El Afna à Marrakech, la place Saint-Marc à Venise et le Campo au cœur de Sienne, scène du Palio, qui nous avait donné l'idée d'intégrer une place publique animée dans le projet du Centre Pompidou. À mon grand plaisir, la relation entre le bâtiment et l'espace public a donné naissance à une place qui vibre et a régénéré les espaces avoisinants.

La citoyenneté active et la vie urbaine trépidante sont des composantes essentielles d'une bonne ville et de l'identité civique. Pour qu'elles retrouvent leur place, là où elles font défaut, il faut impliquer les citoyens dans l'évolution de leur ville. Ces derniers doivent avoir le sentiment que l'espace public est leur propriété commune et qu'ils en ont la responsabilité. De la modeste ruelle à la grand'place, ces espaces appartiennent aux citoyens et constituent la totalité du domaine public, une institution publique à part entière qui, comme toute autre, peut exacerber ou brider notre plaisir de vivre en ville. Le domaine public est le théâtre d'une culture urbaine. C'est là que la citoyenneté prend forme. Il est le ciment d'une société urbaine.

Les villes ne peuvent refléter que les valeurs, l'engagement et la détermination des communautés qu'elles rassemblent. Le succès d'une ville dépend donc à la fois de ses habitants, de son gouvernement et de la priorité qu'ils donnent au maintien d'un environnement urbain humanisé. Les Athéniens de la Grèce antique connaissaient l'importance de leur ville et le rôle qu'elle jouait en encourageant le sens moral et la démocratie intellectuelle de leur époque. L'agora, les temples, le stade, le théâtre et les espaces publics intermédiaires étaient à la fois la magnifique expression de la culture hellénique et le catalyseur de son extraordinaire développement humaniste. Cet engagement en faveur de l'interdépendance entre formes bâties et idéaux était inscrit dans le serment que prêtaient les nouveaux citadins : « À notre départ, cette ville n'en sera pas moins que grandie, meilleure et plus belle que lorsqu'elle nous fut confiée. » La qualité de l'environnement urbain détermine la qualité de vie des citoyens. La relation entre ville et harmonie civique est bien établie.

Vitruve, Léonard de Vinci, Thomas Jefferson, Ebenezer Howard, Le Corbusier, Frank Lloyd Wright, Buckminster Fuller et d'autres ont proposé des villes idéales dont ils pensaient qu'elles pouvaient donner des sociétés idéales – des villes qui encourageraient une meilleure citoyenneté et permettraient à la société de surmonter ses traumatismes. Si de telles visions étroites ne correspondent plus à la diversité et à la complexité de la société contemporaine, ces tentatives architecturales utopiques devraient nous rappeler que, à l'âge démocratique, nous pourrions attendre de l'architecture et de l'urbanisme contemporains qu'ils expriment les valeurs philosophiques et sociales qui sont communes à tous. Reste que les plus récentes mutations des villes prouvent que la société s'est engagée dans la recherche de l'enrichissement personnel. La richesse est devenue une fin en soi et non plus un moyen d'atteindre des objectifs sociaux plus larges.

La construction de notre habitat continue d'être dominée par les forces du marché et les impératifs financiers à court terme. Rien d'étonnant à ce que cela ait donné des résultats extraordinairement chaotiques. Je suis stupéfait de voir que, dans tant d'endroits, l'environnement bâti demeure une question politique annexe. Les villes sont le berceau de la civilisation, les condenseurs et les moteurs de notre développement culturel. Remettre la culture des villes à l'ordre du jour sur l'agenda politique est indispensable car, si elles peuvent être des lieux où la vie touche le fond de la précarité, elles ont aussi la faculté de donner l'inspiration fondamentale. C'est là la dichotomie de la ville : capable de brutaliser comme de civiliser.

Une nouvelle forme de citoyenneté doit être élaborée qui réponde aux besoins de la ville contemporaine. Il est vital de mettre davantage l'accent sur la participation des citoyens et sur une meilleure gouvernance. Impliquer les communautés dans la prise de décision impose que l'environnement bâti fasse partie intégrante de l'éducation et devienne une composante majeure de notre « curriculum national ». Apprendre aux enfants ce qu'est leur environnement urbain quotidien les arme pour participer au respect et à l'amélioration de la ville. Les villes elles-mêmes peuvent être de formidables outils, des laboratoires vivants pour apprendre. L'environnement durable devrait être au cœur des matières enseignées – un thème liant les sciences physiques, la biologie, l'art et l'histoire. Il nous faut dégager des fonds pour intéresser le public et l'informer. Nous devons apprendre aux plus jeunes comme aux plus âgés à se comporter en bons citoyens et être à leur écoute. De notre capacité à réussir tout cela dépend en grande partie notre qualité de vie future.

Aussi insurmontable que puisse leur sembler l'accès au contrôle démocratique de leur ville, les citoyens ne manquent pas, à travers le monde, d'exemples qui les y encouragent. Dans nombre d'endroits, la ville sous tous ses aspects, de l'écologie à l'architecture, est un sujet officiel de débat public et un enjeu d'élections, en contraste aigu avec la façon dont il est négligé en Grande-Bretagne.

Le président François Mitterrand déclarait qu'en France, la « culture », et notamment l'architecture, venait en quatrième position dans la liste des plus importants enjeux électoraux (je n'ose penser à quel niveau les politiciens britanniques la placeraient). De Grande-Bretagne, nous n'avons peut-être connaissance que des initiatives majeures telles que les Grands Projets parisiens, mais ils ne sont que la partie visible de l'iceberg. En France, chaque bâtiment public fait l'objet d'un concours, qu'il s'agisse d'un programme de logement public, d'une école, d'une poste, d'un square, d'un parc ou de la création d'une ville nouvelle. Tous les concours un tant soit peu importants sont jugés par un jury comprenant le maire, un représentant des usagers, des membres de la collectivité locale, des experts techniques et des architectes. Il existe autant de petits concours visant à encourager les jeunes talents que de grands concours internationaux (qui impliquent parfois la participation du président lui-même). Tous ont pour but de faire de la France la référence en matière d'architecture internationale.

Comparez cela avec la situation en Grande-Bretagne où les contribuables dépensent 4 milliards de livres par an pour leurs bâtiments publics alors que le gouvernement central n'a jamais eu la moindre politique architecturale. En 1992, nous avons lancé dix concours publics quand la France en lançait deux mille. Les Britanniques se plaignent de leur architecture et pourtant ils disposent d'une génération de jeunes architectes talentueux dont quasiment aucun n'a reçu la moindre commande publique dans ce pays. Il est rageant de voir de véritables talents gaspillés et que nous laisserons en héritage une architecture médiocre.

Curitiba, ville brésilienne en pleine expansion, a réussi, grâce à des décideurs clairvoyants et à la participation du public, à résoudre ses problèmes de croissance et de consolidation. Comme je le décrirai plus loin, une myriade de politiques ont été poursuivies, destinées à accroître la conscience environnementale et sociale, englobant tout, de l'éducation au commerce, des transports à l'urbanisme. De ce fait, les citoyens ont le sentiment que la ville leur appartient et qu'ils sont responsables de son avenir.

Rotterdam offre un exemple de développement concerté porté par le gouvernement mais à destination de la collectivité. Un plan stratégique couvrant la ville entière définit les principaux axes de développement tels que souhaités par la collectivité. La reconversion des docks fait l'objet d'études, de collaborations et de débats permanents. Les terrains situés dans et autour de la ville appartiennent en majorité à la municipalité et peuvent donc être attribués à la collectivité quand et où le besoin s'en fait sentir plutôt que vendus n'importe quand à ceux qui ont les moyens de les acheter. La ville veut grandir comme une structure cellulaire, se divisant et se répliquant dans des quartiers mixtes de 3 à 5 mille habitants, incluant lieux de travail, écoles, commerces et logements. Un tiers au moins de chaque nouvelle communauté est composé de l'excédent des communautés avoisinantes, ce qui garantit la cohérence sociale de l'ensemble. Ainsi, Rotterdam évite de se diviser en zones ségréguées et en communautés isolées.

En Espagne, la fin du règne de Franco permit l'instauration d'élections de maires et, à Barcelone, une municipalité forte, bénéficiant du soutien populaire, a totalement transformé la ville. Le maire, Pascal Maragal, et son ministre de la Culture, Oriel Bohigas, se sont servi des Jeux olympiques de 1992 comme catalyseur d'une réforme visionnaire qui allait bien au-delà de la simple construction des équipements nécessaires aux Jeux. Cette réforme comprenait la définition d'un plan de masse stratégique pour l'ensemble de la ville, la rénovation des rues et, chose tout à fait significative, la création de cent cinquante nouvelles places publiques. Ils ont fait appel à certains des plus grands architectes du monde pour réaliser le plus ambitieux de tous les plans de réaménagement de la ville : la reconversion de la zone portuaire et industrielle abandonnée qui avait coupé la ville de la mer, créant ainsi ce front de mer caractéristique des villes industrielles côtières à travers le monde. La ville est aujourd'hui reliée à la mer sur une très grande longueur de côte. Au-delà de la réalisation de projets spécifiques, le maire a réussi à instaurer un climat où le secteur privé accepte de se conformer aux directives municipales car les maîtres d'ouvrage privés voient le bénéfice global qu'ils peuvent tirer de l'amélioration de la ville sur le long terme, tout en comprenant l'importance de l'intérêt public. Grâce à ces processus démocratiques, Barcelone est devenue une ville qui compte à l'échelle mondiale, une ville visitée, où les gens ont envie de vivre et de travailler.

Les villes de San Francisco, Seattle et Portland ont intégré dans leur système électoral la participation des citoyens aux questions d'urbanisme. Lors des élections locales, vous ne choisissez pas seulement un candidat, vous avez la possibilité de décider de votre propre environnement : quelle surface de bureaux accepter ? Quel est le meilleur plan de régénération urbaine ? Quelle stratégie de transport adopter ? Ainsi, les habitants se sentent impliqués dans le destin de leur ville et peuvent le contrôler.

Les approches que nous venons de voir illustrent la manière dont les sociétés urbaines font évoluer les stratégies pour les adapter à leurs propres culture et besoins. Dans chacune de ces villes, le fait que les citoyens aient leur mot à dire sur la forme à donner à leur ville est un acquis fondamental. Ces manières de procéder prouvent que participation publique et engagement authentique du gouvernement peuvent transformer le tissu physique et social de nos villes.

J'ai abordé certains des problèmes auxquels les villes contemporaines sont confrontées et j'ai montré comment l'engagement des citoyens peut contribuer à améliorer la situation. En parallèle, nous devons continuer, avec toujours plus de détermination, à développer les technologies et les innovations qui protègent notre écologie et humanisent nos villes. La faculté de l'humanité à transmettre de génération en génération un savoir amassé, à anticiper et à résoudre les problèmes, a été son grand atout. Je trouve extraordinaire et extrêmement encourageant qu'à peine quatre mille ans séparent notre époque, capable de construire une cité dans l'espace, de celle qui vit s'édifier les premières villes le long de l'Euphrate et du Tigre.

Les technologies et notre capacité à prévoir ont transformé notre monde et ce, souvent contre vents et marées. En 1798, l'économiste Malthus nous alertait sur le fait que, selon ses prévisions, le rythme de la croissance démographique mondiale dépassait de loin la capacité de la Terre à nourrir les générations futures. Cette prévision se révéla fausse parce qu'il n'avait pas tenu compte du remarquable potentiel de la technologie. Au cours du siècle qui suivit cette inquiétante prédiction, la population de Grande-Bretagne quadrupla mais les avancées technologiques multiplièrent par quatorze la production agricole. Aujourd'hui, les technologies se développent de plus en plus vite et offrent des opportunités plus grandes. Cent ans à peine séparent l'invention de la bicyclette du voyage dans l'espace ; et moins de vingt-cinq ans, l'invention du premier ordinateur du développement des autoroutes de l'information.

Dans son excellente analyse de la modernité au cours des XIXe et XXe siècles, Marshall Berman nous rappelle le défi aux valeurs sociales, économiques et religieuses traditionnelles qui accompagne cette évolution technologique. Il cite, extrait de la brillante description des conditions modernes de Marx :

« Toutes les relations fixes, gelées, avec leur train d'anciens et vénérables préjudices et opinions, sont balayées, toutes les nouvelles deviennent obsolètes avant même d'avoir vu le jour. Tout ce qui est solide se dissout dans l'air, tout ce qui est saint est profané et les hommes, enfin, sont contraints d'affronter leurs vraies conditions de vie et leurs vraies relations entre eux. »

Embrasser le changement comporte incertitude et risque. Cette capacité de transformer et de changer le monde comme nous-mêmes définit notre condition moderne. Notre soif de réalisation est contrebalancée par la conscience de notre capacité à détruire. Être moderne, donc, c'est vivre cette vie de paradoxe – voilà le pacte de Faust que Berman révèle si brillamment.

Dans ce maelström, les lois du marché ont pris racine. Mais la « main invisible » du marché n'est une force ni de la nature ni de l'homme. La société, représentée par ses gouvernements et autres institutions, a la responsabilité de focaliser la dynamique de la vie moderne, d'orienter les applications des nouvelles technologies, de confronter les anciennes valeurs aux nouvelles. La ville est l'incarnation même de la société ; sa forme doit être constamment mise en regard de nos objectifs. Les problèmes des villes d'aujourd'hui ne résultent pas d'un développement technologique effréné mais de son mauvais usage effréné.

La vitesse du changement technologique et, surtout, la vitesse et l'étendue de sa dissémination offrent à la société moderne sa plus grande puissance potentielle. L'Agence de développement des Nations unies estime qu'au cours des trente prochaines années nous serons aussi nombreux à chercher une qualification par le biais de l'éducation formelle qu'entre le début de la civilisation et aujourd'hui. Grâce à la robotique, notre génération est aujourd'hui en position de bénéficier de plus de richesses *per capita* en travaillant moins. Pour la première fois depuis la révollution industrielle, le travail prend moins de place dans notre vie. La robotique, l'éducation, la médecine, la communication globale – manifestations de notre avancée technologique – permettent le développement d'une nouvelle forme de citoyenneté créatrice qui apporte une richesse à la société sans pour autant porter atteinte à la durabilité de notre environnement.

Le défi qu'il nous faut relever aujourd'hui est celui du passage d'un système qui exploite le progrès technologique uniquement dans le sens du profit à un autre système visant la durabilité. Rendre les villes durables exige des changements fondamentaux dans les comportements humains, les pratiques de gouvernement, le commerce, l'architecture et l'urbanisme. Le promoteur qui fait construire dans le seul but d'engranger des bénéfices sans considération pour l'environnement de la ville utilise mal la technologie. Tout comme l'urbaniste qui fait passer une autoroute à travers une ville sans tenir compte des problèmes environnementaux ou sociaux plus larges.

Je suis fou de technologie, mais pas de la technologie en folie. La technologie doit être dirigée par et pour le citoyen ; avoir pour but de garantir les droits de l'homme universels et offrir abri, eau, nourriture, santé, éducation, espoir et liberté à tous. Je crois sincèrement que la ville durable pourrait offrir le cadre nécessaire à l'épanouissement de ces droits fondamentaux de l'homme. Cet idéal est à la base de mon approche de la durabilité : mobiliser pensée et technologie créatrices pour garantir le futur de l'humanité sur cette petite planète aux ressources limitées. Cette innovation aurait sur la ville du XXIe siècle un impact aussi radical que celui de la révolution industrielle sur la ville du XIXe siècle.

2 Des villes durables

« La planète n'est pas un objet inanimé. C'est un organisme vivant. La Terre, ses rochers, ses océans, son atmosphère et tout ce qui vit ne forment qu'un seul et même grand organisme. Un système de vie holistique et cohérent, capable de se réguler et de se modifier de lui-même. »

James Lovelock,
Principe de Gaia

2 Les villes n'ont jamais hébergé autant d'individus, ni une proportion aussi grande de la race humaine. Entre 1950 et 1990, la population des villes à travers le monde s'est multipliée par dix, passant de 200 millions d'individus à plus de 2 milliards. Le futur de la civilisation sera déterminé par et dans les villes. Les villes d'aujourd'hui consomment les trois quarts de l'énergie mondiale et sont la cause d'au moins les trois quarts de la pollution globale. Elles sont les lieux de production et de consommation de la plupart des produits industrialisés. Les villes sont devenues des parasites dans le paysage – des organismes immenses vidant le monde pour se sustenter en nourriture et en énergie : consommateurs acharnés, pollueurs acharnés.

Si le monde développé estime alarmants ses problèmes de pollution, de congestion et de dégénérescence des centres-villes, que dire des changements qui submergent le monde en voie de développement ? Tandis que dans les pays développés la population urbaine stagne effectivement, dans les pays en voie de développement de multiples pressions – explosion de la population urbaine, développement économique et exode rural – font grandir les villes à un rythme terrifiant. En 1990, trente-cinq villes, dont vingt-deux dans les pays en voie de développement, hébergeaient chacune plus de 5 millions d'habitants. On estime qu'en 2000, cinquante-sept villes seront dans le même cas, dont quarante-quatre dans les pays en voie de développement.

Au cours des trente prochaines années, on estime que 2 milliards d'individus viendront s'ajouter aux populations déjà présentes dans les villes du monde en voie de développement. Cette urbanisation massive entraînera une augmentation exponentielle du volume de ressources consommées et de pollution créée. Et pourtant, de manière perverse, au moins la moitié de cette population urbaine en

▲ *Page précédente*
La ville sans fin

La population de Mexico est passée de 100 000 à 20 millions d'habitants en moins de cent ans. Tentaculaire, sale et dangereuse, mais toujours scène de glamour, de richesse, de rêves et d'espoir. 80 000 personnes venant des campagnes y affluent chaque mois.
Stuart Franklin, Magnum/National Geographical Society Image Collection

pleine expansion vivra dans des bidonvilles, sans eau courante, sans électricité, sans équipements sanitaires, et avec peu d'espoir. Au moins 600 millions d'individus vivent déjà dans des environnements urbains dangereux. Nos villes qui se multiplient menacent de créer une pollution écrasante et une société globale bipolaire : ceux qui ont et ceux qui n'ont pas.

La ville de Mexico est l'exemple même de cette double menace : elle a l'honneur douteux d'être à la fois la plus grande et la plus polluée des villes du monde. En 1900, sa population était de 340 000 habitants ; elle en accueille aujourd'hui plus de 20 millions et 4 millions de voitures. Elle est également le cœur industriel du Mexique. Arrivant en avion, les voyageurs ont souvent l'impression de voler au cœur de trombes d'eau – en fait, il s'agit d'une couche de smog qui, selon les normes jugées acceptables par l'Organisation mondiale de la santé (OMS), est quatre fois plus épaisse et six fois plus toxique que celle qui recouvre Los Angeles. Le taux d'ozone dépasse le niveau d'alerte pendant plus de trois cents jours par an ; lorsque la pollution est trop intense, la production industrielle est arrêtée et il est conseillé aux habitants de rester chez eux. Et pourtant, l'exode rural se poursuit. En 1996, Mexico a dû faire face à un grave problème logistique : comment fournir logement, équipements et services publics à 70 000 nouveaux résidents par mois ? Face à ces contraintes insurmontables, Mexico, comme nombre d'autres villes en pleine expansion, ne peut croître de manière durable.

Ce chapitre s'intéresse plus particulièrement à la manière dont les villes pourraient être conçues afin d'absorber une croissance urbaine massive et rester durables : des villes qui offrent aujourd'hui des opportunités sans mettre en péril les générations futures.

Puiser dans les énergies renouvelables

▲ Récolte de l'énergie solaire, Odeille, France.
Leonard Freed, Magnum

▲ Récolte de l'énergie éolienne, Tarifac, Espagne.
Bruno Barbey, Magnum

► Vent, vagues et végétation : la planète n'est pas un objet inanimé. C'est un organisme vivant... Chaque élément de la biosphère est une ressource constamment renouvelée.

Le soleil notre première source d'énergie

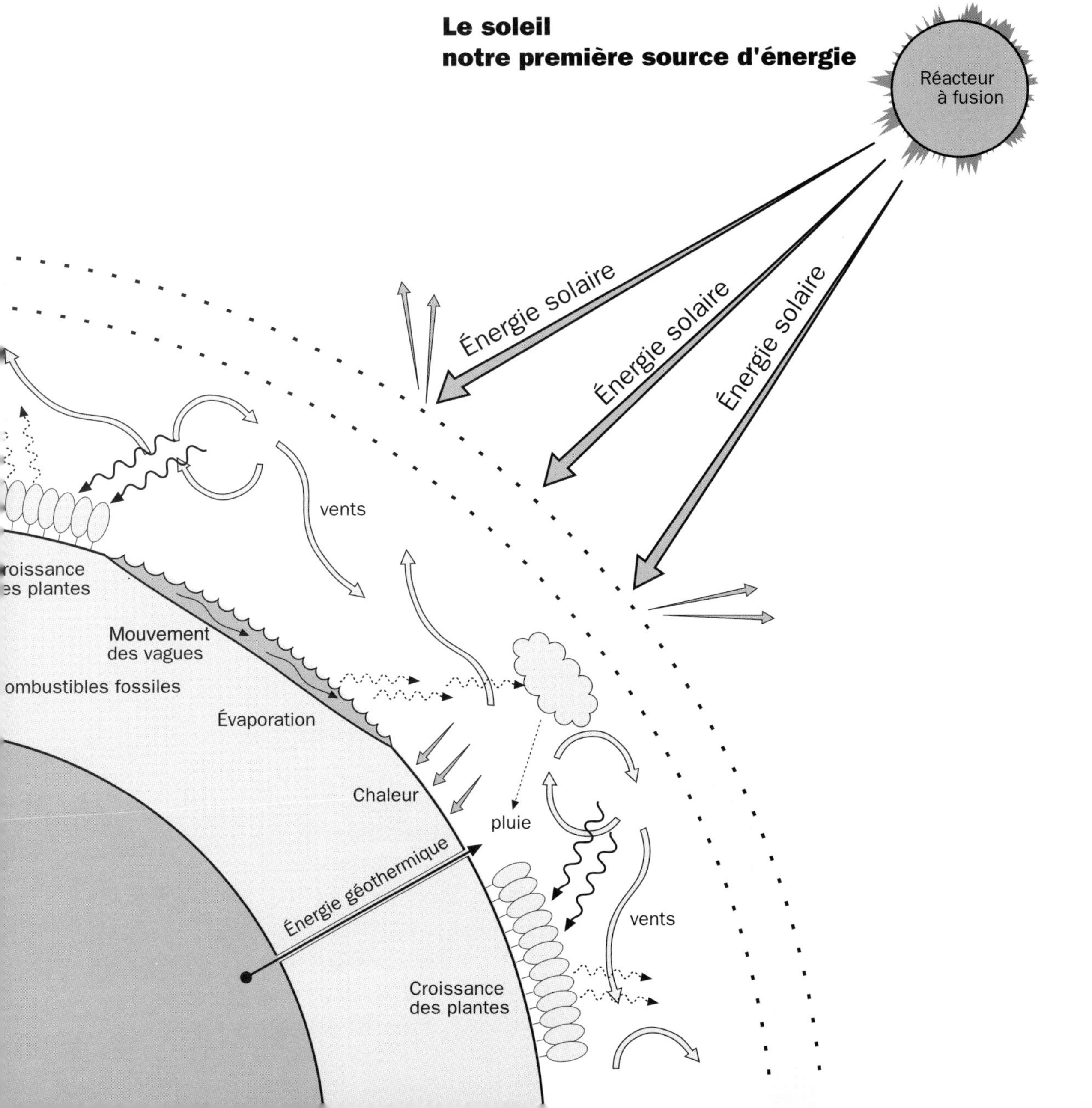

Dès 1966, l'économiste Kenneth Boulding déclarait que nous devions cesser de nous comporter comme si nous vivions dans une « économie de cow-boy », disposant de nouveaux territoires illimités à conquérir et de ressources illimitées à consommer. Au contraire, nous devons commencer à considérer notre planète comme un « vaisseau spatial » un système clos aux ressources limitées. En réalité, la vie sur Terre est entièrement fondée sur un système clos dans lequel rien ne pénètre si ce n'est l'énergie solaire. Par la photosynthèse, le soleil donne vie à la végétation et crée de l'oxygène. Depuis des milliers de millénaires, la végétation en décomposition constitue des stocks d'énergie solaire : les combustibles fossiles comme le charbon et le pétrole. La libération de ces stocks dans l'air, à travers leur consommation, dégage un cocktail de pollution qui génère des pluies acides accusées de provoquer le réchauffement de la planète. Mais le soleil est la source de réapprovisionnement énergétique quotidien qui crée le vent et la pluie, et ces énergies constamment « renouvelées » peuvent être récoltées et consommées sans polluer l'environnement.

Nous devons considérer les villes elles-mêmes comme des systèmes écologiques, et c'est cette attitude qui doit nourrir notre approche de la conception des villes et de la gestion de leur utilisation des ressources. Les ressources englouties par une ville peuvent être évaluées en fonction de leur « empreinte écologique » – une surface, éclatée à travers le monde et beaucoup plus grande que les limites physiques de la ville proprement dite, et dont elle dépend. Ces empreintes subviennent aux besoins des villes et leur fournissent des sites pour évacuer leurs déchets et leur pollution. Les empreintes écologiques des villes existantes couvrent déjà la quasitotalité de la planète. À mesure que les nouvelles villes consuméristes s'étendent, la course à ces empreintes grandit. Le développement des empreintes écologiques urbaines survient en même

Les villes à métabolisme **linéaire** consomment et polluent dans de larges proportions

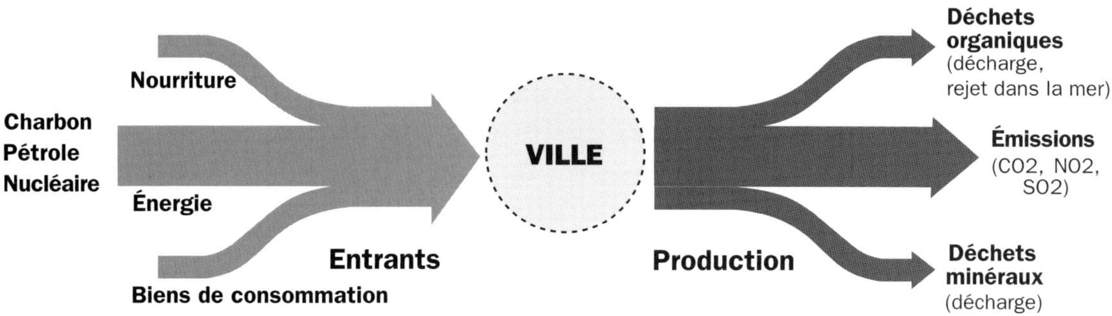

Les villes à métabolisme **en circuit** minimisent les nouveaux entrants et optimisent le recyclage

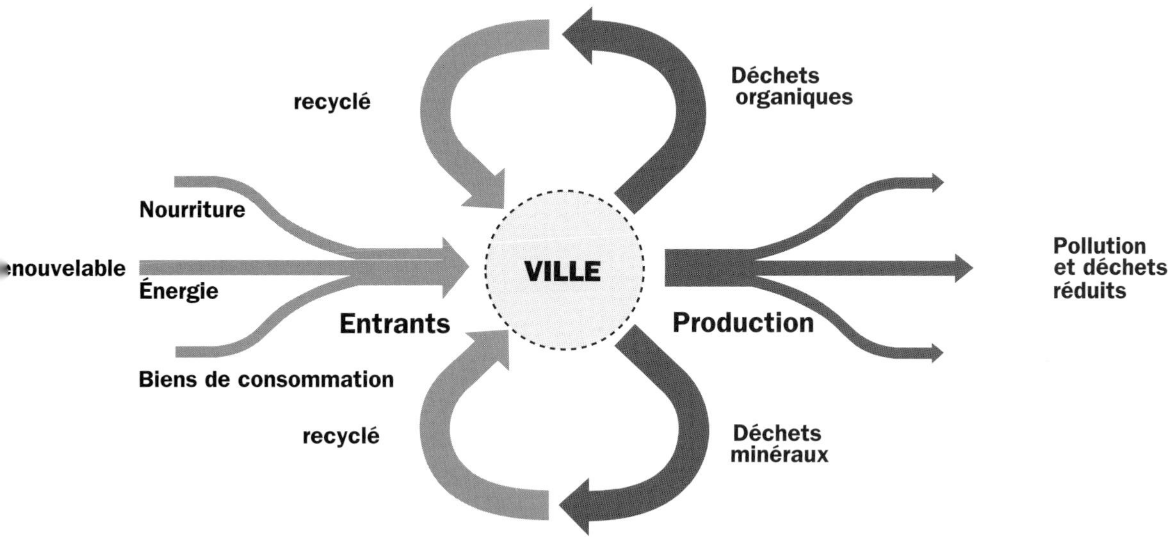

temps que l'érosion des terres fertiles, des mers vivantes et des forêts vierges humides. Compte tenu de cette simple contrainte d'approvisionnement, les empreintes écologiques urbaines doivent être radicalement réduites et circonscrites.

L'écologiste urbain Herbert Girardet démontre que la solution réside dans les villes qui cherchent à atteindre un « métabolisme » circulaire ou en boucle, où la consommation est réduite et où la réutilisation des ressources est optimisée. Nous devons recycler les matériaux, réduire les déchets, préserver les énergies non renouvelables et exploiter celles qui le sont. Comme la majeure partie de la production et de la consommation se fait dans les villes, les processus linéaires actuels, qui créent de la pollution à partir de la production, doivent être remplacés par d'autres qui tendent vers un système en boucle d'utilisation et de réutilisation. Ces processus augmentent l'efficacité globale d'une ville et réduisent son impact sur l'environnement. Pour y parvenir, nous devons concevoir nos villes de sorte qu'elles gèrent l'utilisation des ressources et pour ce faire, il est nécessaire de créer une nouvelle forme d'urbanisme holistique et globale.

La ville est une matrice complexe et changeante des activités humaines et de l'environnement. Planifier une ville durable nécessite la plus grande compréhension des relations entre les citoyens, les services, les politiques de transport et la production d'énergie et de leur impact global tant sur l'environnement local que sur une sphère géographique plus large. Pour qu'une ville soit réellement durable, tous ces facteurs doivent être entremêlés. Il n'y aura pas de ville écologiquement durable tant que ne seront pas prises en compte dans sa planification l'écologie, l'économie et la sociologie urbaines. Pour atteindre cet objectif, il faut motiver les citoyens. S'attaquer à la crise globale de l'environnement à partir de chaque ville met la tâche à leur portée.

Problèmes écologiques et problèmes sociaux ne sont pas dissociables. Les politiques qui visent à améliorer l'environnement peuvent aussi améliorer la vie sociale des citadins. Les solutions écologiques et sociales se renforcent mutuellement et permettent de construire des villes plus respectueuses de la santé, plus vivantes et plus ouvertes. Mais surtout, durabilité signifie qualité de vie pour les générations futures.

Mon approche de l'environnement durable réinterprète et réinvente le modèle de la « ville dense ». Il faut se rappeler pourquoi, au cours de ce siècle, ce modèle a été si catégoriquement rejeté. Les villes industrielles du XIXe siècle étaient l'enfer même : elles souffraient de surpeuplement, de pauvreté et de maladies. Des égouts à ciel ouvert propageaient le choléra et la fièvre typhoïde ; les industries toxiques côtoyaient des logements surpeuplés. En conséquence, dans beaucoup de villes industrielles de l'Angleterre victorienne, l'espérance de vie n'atteignait pas vingt-cinq ans. Ce sont précisément ces dangers et ces injustices fondamentales qui ont incité des urbanistes comme Ebenezer Howard en 1898 et Patrick Abercrombie en 1944 à proposer de désengorger les villes en relogeant les gens dans des environnements moins denses et plus verts : cités-jardins et villes nouvelles.

Aujourd'hui, au contraire, les industries polluantes disparaissent des villes du monde développé. Du moins en théorie, avec l'émergence de l'industrie « verte », de la production d'énergie et des systèmes de transports publics virtuellement propres, des systèmes perfectionnés d'évacuation des eaux usées et des déchets, il n'y a plus aucune raison de juger le modèle de la ville dense comme nocif. Cela signifie que nous pouvons considérer d'un autre œil les avantages sociaux de la proximité, redécouvrir les atouts de la vie en compagnie d'autrui.

Au-delà des avantages sociaux, le modèle de la « ville dense » peut apporter d'importants bienfaits écologiques. Planifiées de manière intégrée, les villes denses peuvent être conçues pour mieux utiliser l'énergie, moins consommer de ressources, moins polluer et ne pas se répandre sur la campagne. C'est pourquoi je crois que nous devrions approfondir l'idée de la « ville compacte » – une ville dense et socialement diversifiée où les activités économiques et sociales se recoupent et où les communautés sont regroupées autour de quartiers. Ce concept diffère radicalement du modèle urbain qui prédomine aujourd'hui, celui des États-Unis : une ville divisée en zones d'activités, avec des quartiers d'affaires en centre-ville, des centres commerciaux et de loisirs en périphérie, des banlieues résidentielles et des autoroutes. Cette vision de la ville est si puissante et les forces qui poussent à sa réalisation (forces mises en place par les critères des promoteurs obéissant aux lois du marché) sont si prédominantes que les pays moins développés sont maintenant engagés sur une voie qui a déjà trahi les pays développés.

En persistant dans cette approche, on obtient des résultats désastreux tout à fait quantifiables. Si l'on s'y tient encore aujourd'hui, c'est par opportunisme économique. Si l'approche globale embrasse la complexité, l'approche zonée la rejette, réduisant la ville à des divisions simplistes et à des portions aisément gérables, légalement et économiquement. Même à l'échelle des bâtiments individuels, les maîtres d'ouvrage, publics comme privés, tournent le dos au concept de mixité d'usage. Les bâtiments traditionnels qui composent une ville, où des ateliers d'artiste sont construits au-dessus de grands appartements familiaux, eux-mêmes construits au-dessus de bureaux, qui sont construits au-dessus de boutiques, apportent vie à la rue et réduisent la nécessité de prendre sa voiture. Mais ces bâtiments à usages mixtes créent des co-propriétés complexes que les collectivités locales trouvent compliqués à gérer et que les promoteurs et maîtres d'ouvrage trouvent difficiles à financer et à vendre. Les promoteurs publics comme privés préfèrent les bâtiments monofonctionnels. Et lorsqu'ils s'embarquent dans des projets de taille, ils préfèrent les grands sites ouverts ou les sites « dans les champs » moins chers qui offrent la possibilité de construire des lotissements entiers ou des parcs d'activités en s'embarrassant le moins possible de problèmes de baux. De plus, ces sites favorisent une standardisation maximale de la conception et de la construction, ce qui accroît encore la rentabilité et nourrit l'argument contre la mixité d'usages. La course au profit à court terme et aux résultats immédiats continue de détourner les investissements du développement urbain complexe favorable à la mixité d'usages et de ses avantages sociaux et écologiques inhérents.

Mais c'est la voiture qui a joué le rôle principal dans le travail de sape de la cohésion sociale de la ville. On estime à environ 500 millions le nombre de voitures qui circulent aujourd'hui à travers le monde. Elles ont détruit la qualité des espaces publics et encouragé l'étalement urbain. L'ascenseur a rendu le gratte-ciel possible et la voiture a permis au citoyen de vivre loin des centres-villes. La voiture a rendu viable le principe de la compartimentation des activités quotidiennes, séparant bureaux, commerces et habitat. Et plus les villes s'étalent, moins il devient économique d'étendre leurs systèmes de transports publics et plus les citoyens deviennent dépendants de leur voiture. Les villes, à travers le monde, sont aujourd'hui réaménagées pour faciliter l'utilisation de la voiture, alors même que c'est elle, plus encore que l'industrie, qui génère la plus grande quantité de pollution de l'air, cette même pollution que les habitants des villes cherchent à fuir. En tout, 2 milliards de milliards (trillions) de mètres cubes de gaz d'échappement sont libérés dans l'atmosphère et il y a de fortes chances pour que le nombre de voitures augmente de 50 % d'ici à 2010 et double d'ici à 2030. Paradoxalement, du point

de vue de l'individu, la voiture demeure le produit technologique le plus libérateur et le plus désiré du siècle. Elle ne coûte pas cher parce qu'elle est fabriquée en nombre et subventionnée ; elle est pratique du fait que les villes n'ont pas été conçues pour fonctionner grâce aux transports publics ; et elle est une icône culturelle irrésistible qui offre prestige et statut.

De simples études logistiques révèlent la manière dont l'augmentation du nombre de voitures privées provoque des dégâts. Tout d'abord, la rue, autrefois terrain de jeux du quartier et lieu de rencontre en général, est envahie par les voitures en stationnement. Les normes de stationnement exigent 20 mètres carrés par voiture. En supposant même qu'un habitant sur cinq seulement possède une voiture, une ville de 10 millions d'habitants (grosso modo la ville de Londres) aura besoin d'une surface d'environ dix fois la taille de la City uniquement pour garer les voitures. Mais, que ces 2 millions de voitures démarrent et se mettent en route, et la ville sera rapidement écrasée par cette pollution et ces embouteillages qui harcèlent et divisent les communautés. À mesure que les déplacements en voiture deviennent partie intégrante de l'urbanisme, les coins de rue, les formes et les surfaces des espaces publics sont tous déterminés au profit de l'automobiliste. À terme, la ville toute entière, sa forme globale, l'implantation des nouveaux bâtiments, le dessin de ses trottoirs, lampadaires et grilles, finissent par être conçus en fonction de ce seul critère.

Voitures, voitures, voitures

Au milieu du XXe siècle, nous étions 2,6 milliards d'individus pour 50 millions de voitures. Au cours des cinquante dernières années, la population mondiale a doublé alors que le nombre de voitures a été multiplié par dix. Pour les vingt-cinq années à venir, on prévoit un parc mondial d'un milliard d'automobiles. La motorisation en masse est là et elle est sur le point d'envahir toutes les villes du monde.

◄ Circulation dans le centre de Buenos Aires, Argentine. *Morgan, Greenpeace*

Le nombre de voitures privées à plus que doublé en Europe entre 1970 et 1995, et il s'apprête à faire un bond dans les villes en voie de développement. La voiture continue d'être encouragée par ceux qui soutiennent l'industrie automobile, nationalisée comme privée. Et les taux astronomiques d'utilisation de la voiture prévus dans l'avenir ont poussé les urbanistes à concevoir des villes à partir des cahiers des charges établis pour les infrastructures routières, ce qui encourage de manière bien réelle un accroissement incessant de l'utilisation de la voiture.

Une étude menée à San Francisco a comparé les rues de différents quartiers dans le but d'évaluer l'impact de la circulation automobile sur le sentiment d'appartenance à une communauté locale. Les déplacements des individus d'une maison à l'autre dans les rues très passantes et dans les rues tranquilles furent enregistrés dans différents quartiers. Les données recueillies révèlent la réalité, choquante mais prévisible : le niveau d'interaction sociale entre voisins dans une rue donnée, le sentiment d'appartenir à une communauté dans cette rue, sont inversement proportionnels à la quantité d'automobiles qui l'empruntent. Cette étude dénonce la circulation automobile comme une cause fondamentale de l'aliénation du citadin, phénomène clé dans le déclin de la notion de citoyenneté.

Des amis ou des voitures ?

Des études menées à San Francisco confirment une simple réalité : la circulation urbaine sape le sentiment communautaire dans une rue.

Dans un même quartier, trois rues d'intensité de circulation différente sont comparées. Plus la circulation augmente, plus les rencontres de voisinage diminuent.

La circulation est une cause significative de l'aliénation urbaine.

Heureusement, le coût réel du modèle urbain qui découpe la ville en zones est enfin connu. Aux États-Unis, celui des embouteillages, en termes d'énergie gaspillée et de temps perdu, s'élève à environ 150 milliards de dollars par an, soit l'équivalent du produit national brut du Danemark. Et dans ce chiffre ne figurent pas encore les coûts sociaux, dont la santé, que l'Institut mondial des ressources (IMR) a estimés récemment à plus de 300 milliards. Ces deux chiffres ne prennent en compte ni les atteintes portées à l'environnement naturel ni, plus fondamentalement, le coût social de l'isolement et de la privation de droits civiques de ces citoyens condamnés à ramasser les miettes pour survivre dans des ghettos urbains isolés et pourrissants, pendant que la ville se vide au profit de banlieues toujours plus sélectes. Le *New York Times* a récemment fait sa une sur l'impasse dramatique dans laquelle se trouvent les « villes paradis » de Phoenix, Denver, Las Vegas et Salt Lake City et

Les flux du trafic piétonnier

Circulation légère
3,0 amis par personne
6,3 connaissances

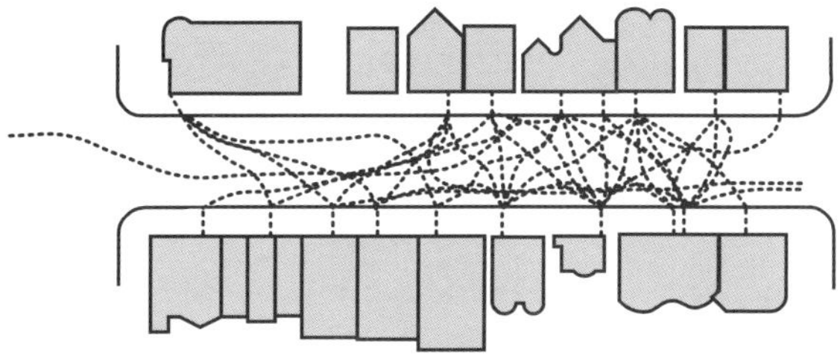

Circulation modérée
1,3 amis par personne
4,1 connaissances

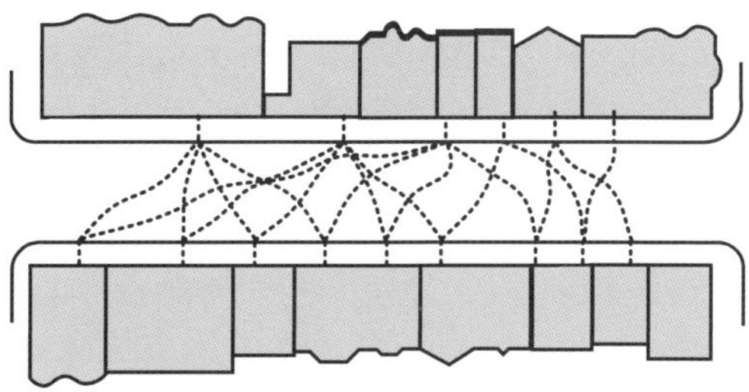

Circulation intense
0,9 amis par personne
3,1 connaissances

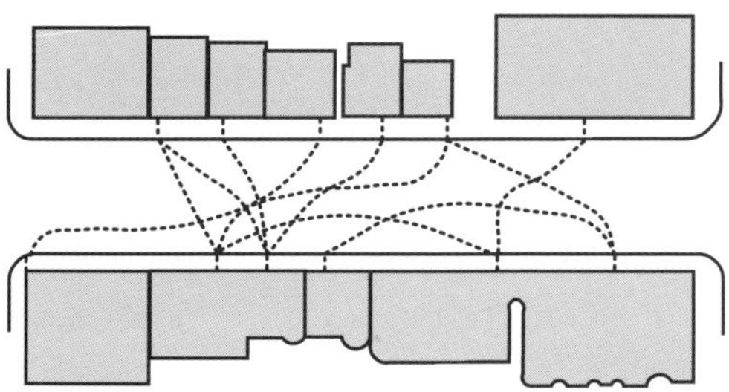

la pollution tout aussi dramatique qu'elles génèrent. Phoenix est aujourd'hui plus étendue que Los Angeles avec seulement un tiers de la population de celle-ci. La qualité de l'air y est une des pires du pays, mise à part la Californie du Sud.

La création de la ville compacte moderne exige le rejet du développement monofonctionnel et de la suprématie de la voiture. Comment dessiner les villes où les collectivités prospèrent et où la mobilité s'accroît ; comment les dessiner pour que l'individu soit mobile, sans pour autant permettre à la voiture de saper la vie communautaire ; comment la dessiner pour favoriser et accélérer l'utilisation de systèmes de transport propres et redonner la rue aux piétons et à la collectivité ? Telles sont les questions auxquelles il nous faut aujourd'hui répondre.

La ville compacte aborde ces problèmes. Elle grandit autour de centres d'activités sociales et commerciales situés aux points d'interconnexion des transports publics. Ces derniers fournissent les pôles autour desquels les quartiers peuvent se développer. La ville compacte est un réseau composé de ces quartiers, chacun avec ses propres parcs et espaces publics et accueillant un large éventail d'activités publiques et privées qui se recoupent. La structure historique de Londres, faite de villes, de villages, de places et de parcs, est un exemple caractéristique du mode de développement polycentrique. Plus important encore, ces quartiers rapprochent emploi et équipements et les rendent aisément accessibles à la communauté ; cette proximité signifie pour chacun moins de trajets en voiture au quotidien. Dans les grandes villes, les Mass Transit Systems (systèmes de transit globaux), qui relient tous les centres des quartiers, permettent de traverser à grande vitesse la ville de part en part, abandonnant ainsi la desserte locale aux systèmes locaux. Ce système réduit le volume et l'impact du trafic de transit,

Les pôles mixtes et compacts réduisent les besoins de déplacements et créent des quartiers animés et durables

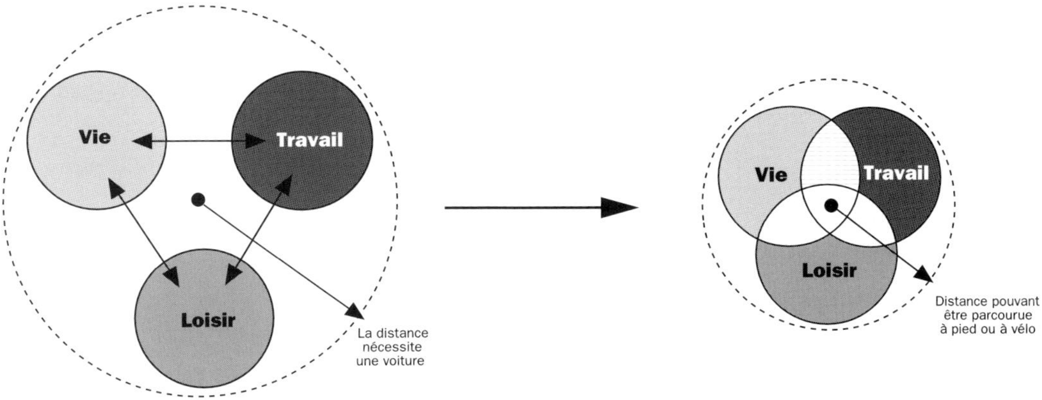

L'éclatement des zones d'activités entraîne une dépendance à la voiture privée

Les pôles compacts réduisent les déplacements et permettent de circuler à pied ou à vélo.

Les pôles compacts reliés par un système de transit de masse peuvent être disposés pour répondre aux contraintes locales

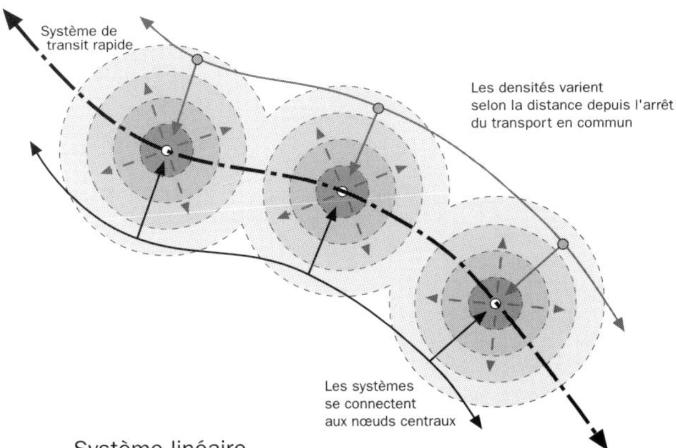

Système linéaire ouvert

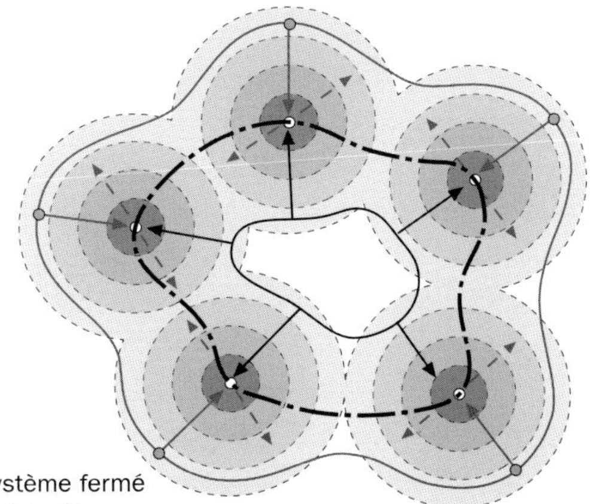

Système fermé en boucle

qui peut ainsi être modéré et contrôlé, surtout autour du cœur des quartiers. Trams locaux, systèmes de transport ferroviaires légers et bus électriques deviennent ainsi plus efficaces, et circuler à bicyclette ou marcher devient un plaisir. Les embouteillages et la pollution se trouvent ainsi extrêmement réduits et le sentiment de sécurité et de convivialité des espaces publics s'accroît.

Les villes compactes durables pourraient, je l'affirme, redonner à la ville son statut d'habitat idéal pour les sociétés fondées sur la communauté. C'est un type de structure urbaine confirmé qui peut être interprété de multiples façons pour satisfaire toutes les cultures. Les villes devraient être l'expression des gens qu'elles abritent, des contacts directs, de la concentration du ferment de l'activité humaine, de la création et des cultures locales. Quel que soit le climat, tempéré ou extrême, dans les sociétés riches comme dans les sociétés pauvres, l'objectif à long terme du développement durable est de créer une structure flexible pour une communauté vigoureuse dans un environnement sain et non polluant. La proximité, l'offre d'espaces publics adaptés, la présence du paysage naturel et l'exploitation des nouvelles technologies urbaines peuvent fondamentalement améliorer la qualité de l'air et de la vie dans la ville dense. Autre avantage de la ville compacte, la campagne est ainsi protégée de l'empiètement du développement urbain. Je montrerai plus loin comment la concentration d'activités diverses, plutôt que le regroupement d'activités similaires, peut favoriser l'utilisation efficace de l'énergie. La ville compacte peut offrir un environnement aussi beau que celui de la campagne.

En 1991, le maire de Shanghai a invité mon agence à proposer un cadre de travail stratégique pour un nouveau quartier de la ville. Nous avons ainsi eu l'occasion d'explorer et d'appliquer les principes de la ville compacte durable. Le contexte de la commande en dit long.

La Chine compte 1,5 milliard d'habitants et représente environ un quart de la population mondiale. Cette nation vit aujourd'hui le plus grand exode rural de son histoire, un déplacement qui a vu quelque 80 millions d'individus s'installer dans des bidonvilles autour des principales villes en moins d'une génération. Traditionnellement, les Chinois considéraient la ville et son hinterland agricole comme un tout. Aujourd'hui encore, l'agglomération de Shanghai arrive à produire la quasi-totalité des légumes et céréales dont elle a besoin. Mais, dans cette ruée vers l'urbanisation, l'écologie a souffert. Des dix villes dans le monde souffrant de la pire pollution de l'air, cinq se trouvent en Chine. Quatre des sept plus importants bassins fluviaux chinois sont contaminés et les pluies acides affectent près du tiers du territoire. Des villes telles que Shenzhen, Dongguan et Zhuhai arasent d'immenses étendues de campagne, soit pour la production de matériaux de construction, soit pour préparer le terrain aux futures urbanisations. Shenzhen est passée de 100 000 habitants à 3 millions en quinze ans. L'urbanisation est la première étape du processus de transformation d'une société rurale fondée sur la communauté en une société urbaine consumériste. Les nouvelles villes chinoises sont conçues autour des autoroutes et non des transports publics. On s'attend à une hausse du nombre de voitures privées de 1,8 million aujourd'hui à 20 millions d'ici à 2010. À mesure que la population des nouvelles villes augmente, le processus d'industrialisation en fait autant pour offrir l'éventail classique des biens de consommation, garantissant ainsi l'énorme croissance économique à la base du « miracle » économique chinois.

En 1990, Shanghai, cinquième plus grande ville du monde, comptait 13 millions d'habitants. Dans cinq ans, elle devrait atteindre plus de 17 millions. Son ambition est de consolider son statut de pôle économique de la Chine et de place financière mondiale incontournable. Malheureusement, la ville a l'intention de suivre le vieux

Miracle urbain en Chine ?

▲ Vue du Pudong depuis le vieux Shanghai.
G. Pinkhassov, Magnum

► Shenzhen est passée de 100 000 à 3 millions d'habitants en quinze ans : la Chine encourage la migration de sa population rurale pour remplir les nouvelles villes.
Donovan Wylie, Magnum

modèle occidental et de motoriser ses 7 millions de cyclistes actuels. Shanghai est une ville stupéfiante, dense et grouillante de vie. Des ensembles de bureaux du début du XXe siècle longent les célèbres berges du fleuve bordées d'arbres traversant le Bund – un quai fluvial qui associe l'élégance de la promenade des Anglais à Nice à la puissance du grand front de mer industriel de Merseyside à Liverpool. Mais le Bund a été la première victime de la volonté de la ville de se convertir à l'automobile. Ses majestueuses rangées d'arbres ont été abattues pour céder la place à un parking qui longe le fleuve Huangpu et à une promenade surélevée qui en masque les magnifiques vues depuis la ville. Le fleuve lui-même est large de près d'1 kilomètre et est sillonné en tous sens par des transports de marchandises de tous types et de toutes tailles. De l'autre côté du Huangpu s'étend le Pudong, vaste zone d'aménagement couvrant des milliers d'hectares ; et dans la partie du Pudong qui fait immédiatement face au cœur du vieux Shanghai, s'étend le site du nouveau quartier – le Lu Zia Sui, une zone en forme de larme d'1,5 kilomètre carré qui ressemble étrangement à l'Isle of Dogs à Londres. C'est ici que le Pudong a récemment été relié à Shanghai par deux des ponts à travée unique les plus longs du monde ainsi que par un réseau de tunnels. Destiné à accueillir uniquement des bureaux pour 500 000 employés, le projet du Lu Zia Sui a été comparé à un programme de type Canary Wharf, à Londres, mais de plus grande envergure.

Place à la motorisation

▲ Shanghai veut motoriser 7 millions de cyclistes d'ici à l'an 2000.
Michael K. Nichols, Magnum

Bien que Shanghai possède une riche culture urbaine, qui lui est propre, le schéma proposé par la municipalité tournait le dos à la diversité culturelle et commerciale de la vieille ville. Le nouveau quartier devait être réservé à des bureaux internationaux et conçu prioritairement pour être accessible en voiture. Les techniciens de la circulation routière ont travaillé en prévision de l'énorme trafic aux heures de pointe et conçu d'immenses infrastructures routières

– parfois à deux, voire trois niveaux – et un réseau parallèle de passages souterrains et de passerelles piétonniers. L'emprise routière était trois fois plus grande que celle de New York pour une densité équivalente de bâtiments moitié moins forte. En tout, à peine un tiers du site était réservé aux bâtiments. Chaque îlot de bâtiments étant isolé par des autoroutes, les propositions auraient eu pour résultat de créer un quartier de tours et de blocs solitaires cernés par une mer de voitures – pour certain l'épitomé du progrès, sous la forme de la ville internationale moderne.

À l'opposé, notre approche cherchait à éviter la création d'un ghetto financier privé, exclu de la vie de la ville. Nous favorisions l'idée de faire du Lu Zia Sui un quartier diversifié de commerces et d'habitat enrichi d'un réseau de parcs et d'espaces publics et accessible principalement en transports publics ; un quartier capable d'agir comme point de focalisation culturel pour l'ensemble du Pudong. Cette approche protégeait aussi le district contre le boom du marché international des bureaux qui a notoirement entraîné la faillite des programmes d'aménagement monofonctionnels tels que celui de Canary Wharf. Et surtout, nous cherchions à établir des communautés locales durables, des quartiers conviviaux qui, de plus, consommeraient à peine la moitié de l'énergie des programmes conçus de manière conventionnelle.

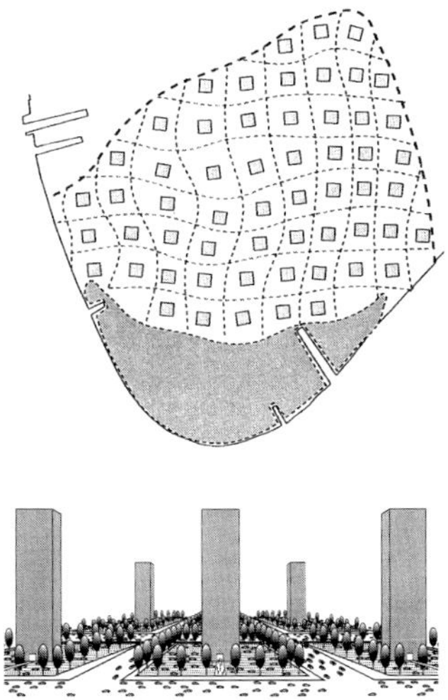

Lu Zia Sui – avant

▲ L'adhésion servile au marché conventionnel et aux critères de transport ont déterminé la forme de la nouvelle zone – un quadrillage de bâtiments solitaires cernés par des rues très embouteillées.

Nos ingénieurs en transport et environnement, Ove Arup and Partners, calculèrent que notre volonté de mélanger de manière plus significative les activités et de mettre l'accent sur les transports publics pourrait réduire jusqu'à 60 % le besoin de déplacements automobiles, et donc le nombre de routes. L'équilibre entre l'espace monofonctionnel des routes et l'espace public multi-usage pouvait être modifié en faveur de ce dernier. Nous avons largement étendu le réseau à prédominance piétonnière de rues, de pistes cyclables,

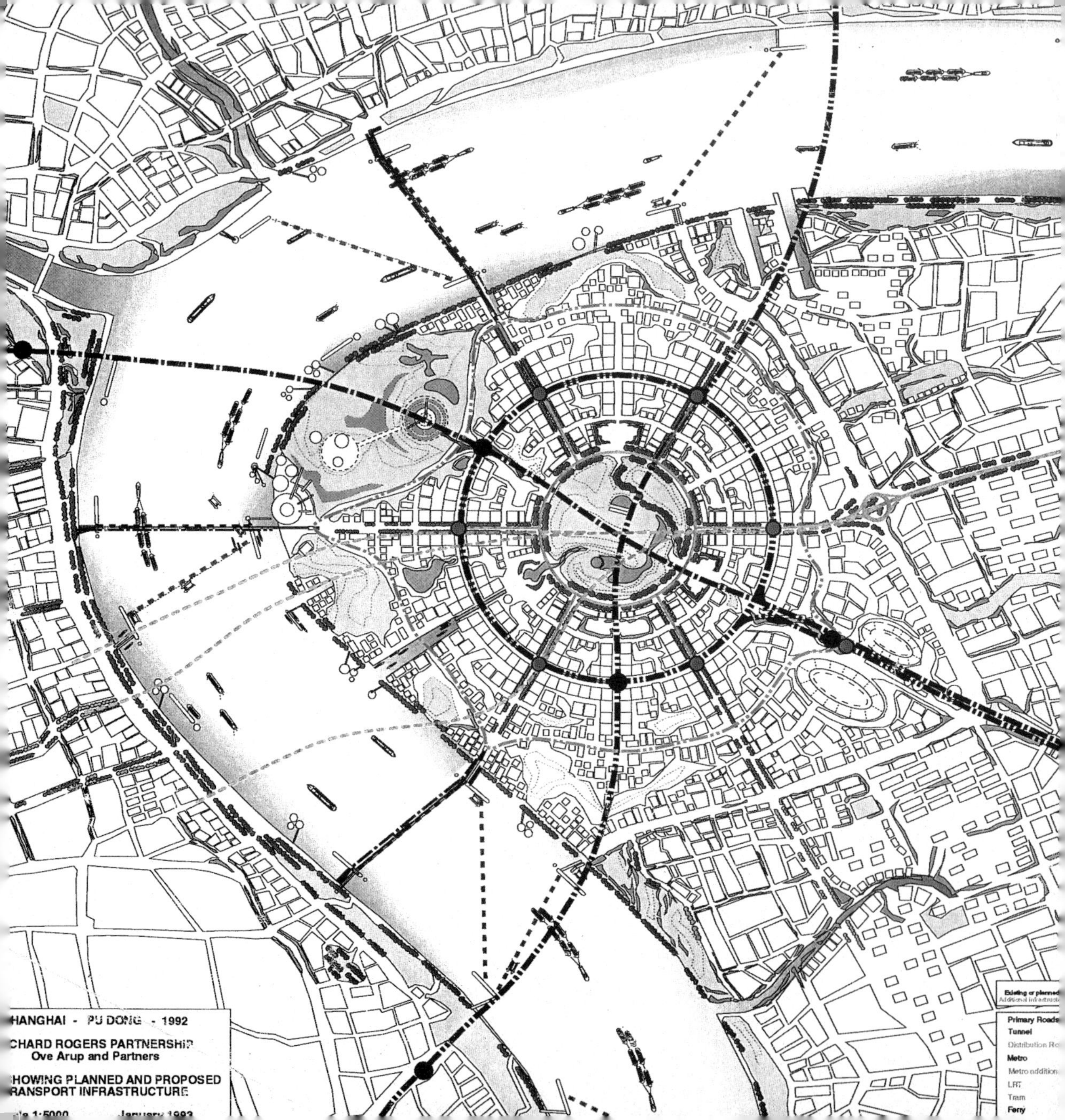
HANGHAI - PU DONG - 1992
CHARD ROGERS PARTNERSHIP
Ove Arup and Partners
HOWING PLANNED AND PROPOSED
RANSPORT INFRASTRUCTURE
Primary Roads
Tunnel
Metro
LRT
Tram
Ferry

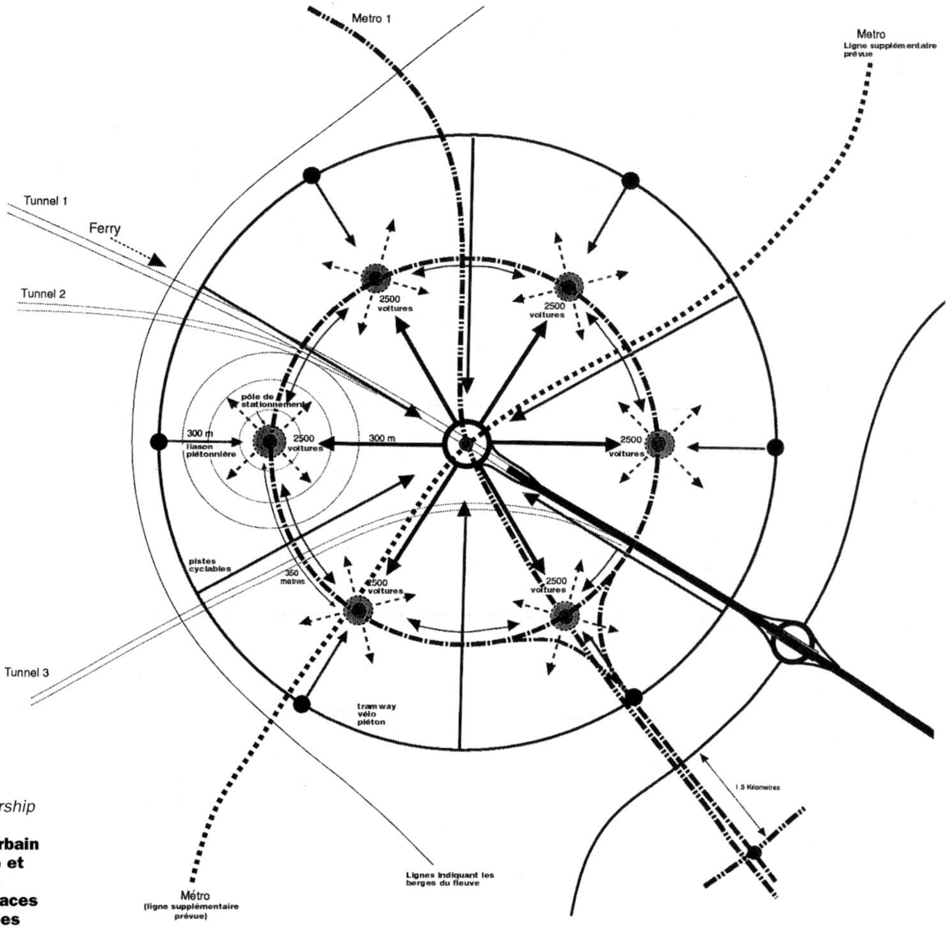

Lu Zia Sui
Richard Rogers Partnership

Un développement urbain dense, polycentrique et durable fondé sur un réseau intégré d'espaces publics et de systèmes de transport

◄ Le schéma des transports et des espaces publics définit le cadre du développement.

► Schéma de la hiérarchie d'ensemble des systèmes de transport : réseau ferré, tramway, bus et cheminements piétonniers.

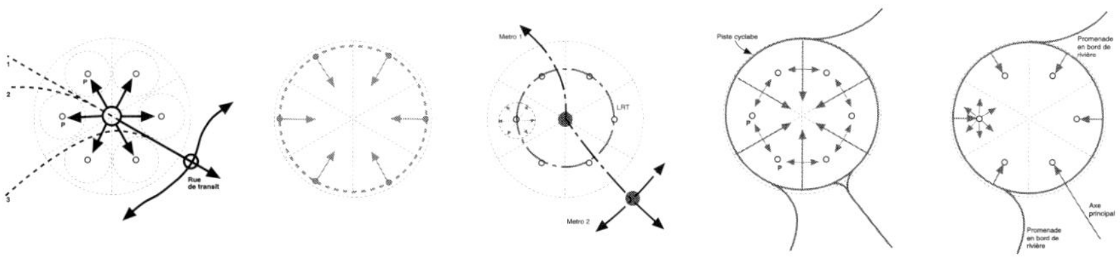

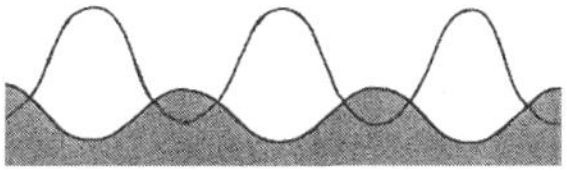

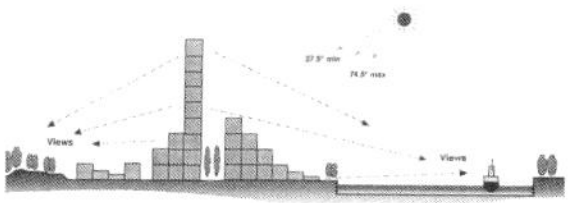

Lu Zia Sui
Richard Rogers Partnership

▲ La silhouette de la nouvelle ville est fonction des lignes directrices qui optimisent la pénétration de la lumière du jour dans les rues et les bâtiments, et se servent des vents dominants pour aider à refroidir et rafraîchir l'air.

◄ Première maquette mettant en évidence les grands principes du cadre de travail urbain. Les six communautés d'usage mixte définissent dans l'espace un parc urbain central et commun. Des constructions de hauteurs différentes sont regroupées de sorte que leur impact sur les autres bâtiments et les espaces publics soit réduit.

de places de marché et d'avenues et dégagé de l'espace pour un vaste parc. Ce réseau d'espaces publics avait pour but de favoriser les activités culturelles « ouvertes » de la ville. Il était soigneusement tissé à l'intérieur du réseau de transports publics afin de créer une seule toile d'espaces publics et de mouvements interconnectée, qui démarrait devant la porte de chacun et aboutissait, via des parkings, des bus et des trams, aux gares et aux aéroports. Une hiérarchie souple de différents modes de transport, du trottoir sécurisé aux trains à grande vitesse et aux avions, offrait à tous les citadins une mobilité sans rupture.

Du parc central, situé au cœur du Lu Zia Sui, rayonnaient des boulevards reliant trois avenues concentriques. L'avenue extérieure était réservée aux piétons et aux vélos ; la deuxième, aux trams et aux bus ; et l'avenue intérieure, en partie encaissée, aux principaux axes routiers. L'objectif global était de localiser les besoins quotidiens de la communauté, y compris les transports publics, loin du trafic de transit et à des distances pouvant être facilement parcourues à pied. Six grands quartiers compacts de 80 000 habitants chacun étaient regroupés autour de chaque pôle majeur d'interconnexion des transports et reliés au réseau général du domaine public. Chaque quartier avait son propre caractère, et tous se trouvaient à dix minutes à pied du parc central, de la rivière et des quartiers avoisinants. Bureaux, surfaces commerciales, boutiques et institutions culturelles étaient concentrés à proximité des gares métropolitaines souterraines très animées alors que les immeubles de logement étaient principalement regroupés autour du parc et près de la rivière, avec les hôpitaux, les écoles et les autres bâtiments à destination de la collectivité.

Moins de routes et de sites isolés signifiait la possibilité que les bâtiments soient reliés pour former des rues et des places. En variant les hauteurs des bâtiments, la lumière du soleil et celle du jour pouvaient être utilisées pour animer les rues et avenues malgré la forte densité du bâti. La variété des hauteurs optimisait également les points de vue et la pénétration de la lumière dans les bâtiments eux-mêmes, réduisant ainsi le besoin d'énergie pour l'éclairage artificiel. De la composition globale émanait un profil de ville dense couronné par une série de tours – un profil frappant, vu depuis le vieux Shanghai de l'autre côté de la rivière.

Le principe même de la ville compacte est que toute intervention crée de nouvelles occasions d'être efficace. Une ville compacte composée d'activités qui se recoupent, par exemple, est plus conviviale et peut réduire le besoin de déplacements automobiles, ce qui, à son tour, réduit énormément l'énergie utilisée pour le transport – en règle générale, un quart de la consommation globale d'énergie d'une ville. Moins de voitures signifie moins d'embouteillages et une meilleure qualité de l'air, ce qui à son tour encourage les déplacements à vélo et à pied plutôt que l'utilisation de la voiture. Ouvrir ses fenêtres sur un air de meilleure qualité est plus agréable que de brancher l'air conditionné.

Certaines villes nord-américaines sont parvenues à un taux d'efficacité de 70 % en matière de recyclage des déchets urbains. En comparaison, Copenhague atteint 55 % et Londres 5 %. Les déchets de la ville doivent être considérés comme une ressource à exploiter.

Une ville de forme compacte, avec moins de rues et plus d'espaces publics paysagés, présente d'autres avantages écologiques. Parcs, jardins, arbres et autres espaces paysagés offrent une végétation qui, en été, ombrage et rafraîchit les rues, les cours intérieures et les bâtiments. La température des villes est généralement plus élevée d'un ou deux degrés que celle de leur hinterland. L'effet général d'un paysagisme riche est de réduire les « bouffées » de chaleur des villes, et de manière quantifiable le besoin d'air conditionné. Les plantes atténuent les niveaux de bruits et filtrent la pollution, absorbent le dioxyde de carbone et produisent de l'oxygène – autant de facteurs qui réduisent le besoin d'air conditionné pour approvisionner en air frais les bâtiments dans des zones urbaines qui, sinon, seraient

Le système conventionnel - production d'énergie à distance

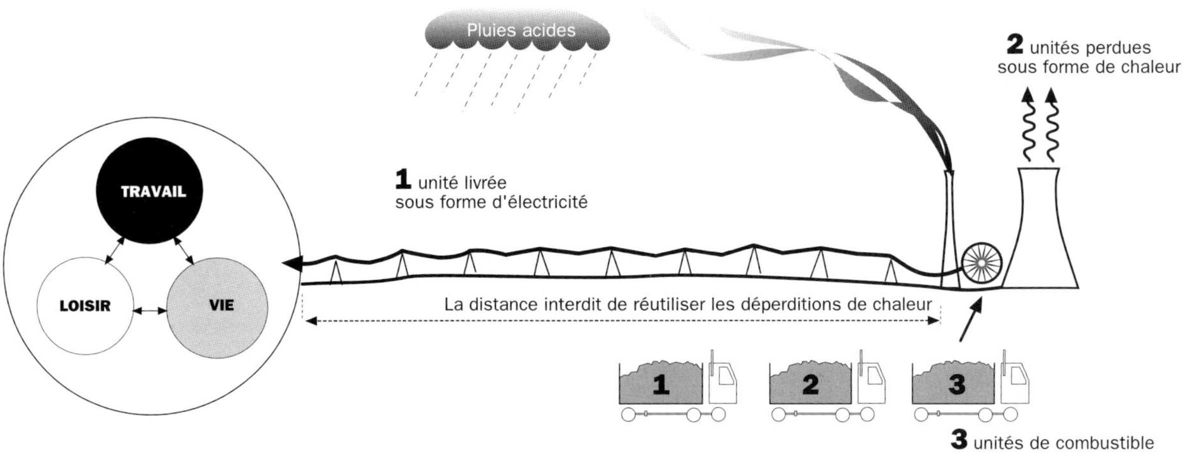

Le système compact - production d'énergie et recyclage des déchets sur place

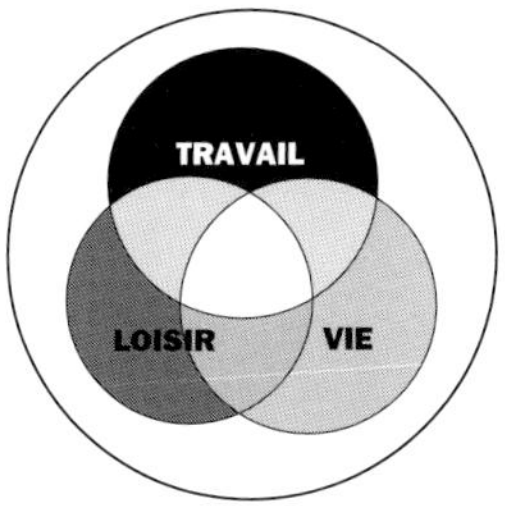

Le développement dense à usage mixte permet de partager l'énergie entre les activités

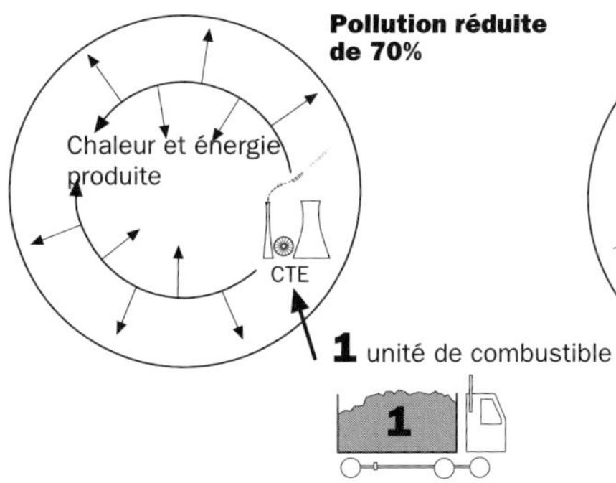

Les centrales thermoélectriques (CTE) sont deux fois plus efficaces parce qu'elles distribuent électricité et chaleur

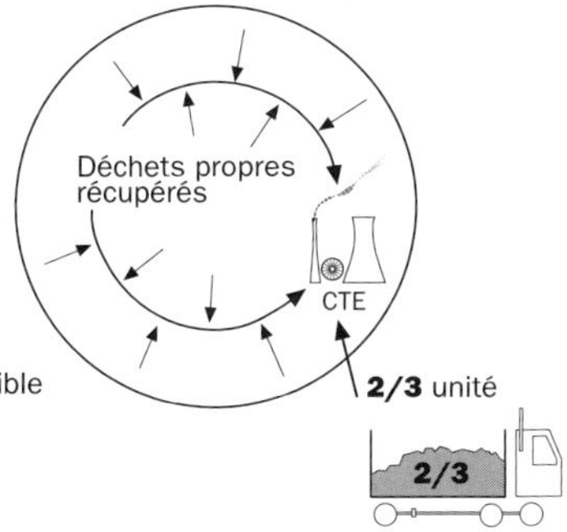

Les déchets locaux peuvent être brûlés dans les CTE, ce qui réduit d'autant l'intrant d'énergie

chaudes et polluées. Les espaces urbains paysagés absorbent la pluie, réduisent le flot des eaux de pluies et d'orages. Le paysage joue un rôle psychologique important dans la ville et peut accueillir une très grande diversité de faune et de flore urbaines.

Une ville compacte limite le gaspillage d'énergie. Les centrales électriques produisent en même temps de l'eau chaude. Ce sous-produit, dans les centrales traditionnelles, est tout simplement perdu. Les centrales thermoélectriques locales peuvent être utilisées à la fois pour fournir l'électricité et, du fait de leur proximité, approvisionner directement en eau chaude les immeubles. Cela peut plus que doubler l'efficacité du système de distribution traditionnel de l'énergie. Les déchets de la ville, qui sont généralement jetés dans des décharges ou incinérés – deux méthodes tout à fait polluantes – peuvent être brûlés par des centrales thermoélectriques locales et fournir jusqu'à 30 % des besoins en énergie d'un quartier. Dans une ville qui combine de nombreuses activités différentes, il est plus facile de transférer la chaleur, habituellement gaspillée, d'une activité vers l'autre. L'excès de chaleur généré par les bureaux, par exemple, se disperse généralement dans l'environnement. Il peut être réutilisé dans les hôpitaux, les foyers, les hôtels ou les écoles, si ceux-ci sont à proximité.

Les déchets organiques rejetés par l'homme, riches en nutriments, le sont aujourd'hui dans de telles proportions qu'ils empoisonnent l'environnement. Il est tout à fait possible, au contraire, de les recycler pour produire du méthane et des engrais. Les eaux usées peuvent être filtrées par des systèmes naturels sur site et réutilisées pour irriguer les espaces paysagés urbains ou pour réapprovisionner les terrains aquifères locaux. Il a été démontré que les systèmes expérimentaux de traitement des eaux usées qui rejettent leurs déchets sous des exploitations forestières augmentent le taux de croissance des forêts, bois et parcs et rechargent ces terrains en eau purifiée. On sait que l'eau claire sera la ressource vitale du prochain millénaire et nous devons développer des systèmes qui optimisent l'efficacité de son utilisation.

Au début du projet de Shanghai, nous visions une réduction globale de la consommation d'énergie de 50 %. Nous avons été stupéfaits de découvrir plus tard, au vu de nos calculs, que l'approche « circulaire » aurait entraîné une économie de 70 %. En termes commerciaux, cela signifiait une véritable révision à la baisse des demandes de nouvelles centrales électriques – une bonne nouvelle pour l'environnement – et une réduction significative à long terme du coût de la vie pour les activités et les habitants.

L'urbanisme durable est rendu possible grâce à la modélisation par ordinateur qui regroupe les critères de la matrice complexe composant la ville moderne. Dans le projet pour Shanghai, notre équipe de concepteurs pouvait mesurer l'impact des stratégies sur la consommation d'énergie, les besoins de déplacements, de parkings, les déplacements des piétons et l'optimisation de la lumière du soleil. La modélisation fut utilisée pour ajuster la mixité d'activités au sein du quartier, de sorte qu'elle permette l'utilisation la plus efficace de l'énergie, à toute heure et en toute saison. Elle permettait de déterminer les investissements publics nécessaires pour les routes, les transports publics et les infrastructures énergétiques, qui devaient être traitées comme des variables et être estimées les unes par rapport aux autres en termes de coûts financier et écologique. La modélisation par ordinateur très poussée aidait tous les acteurs du projet à coordonner les activités et à évaluer les implications générales de chaque décision. C'est aussi notre meilleur outil pour expliquer les problèmes complexes de l'urbanisme au représentant officiel de la ville, à l'investisseur et au citoyen.

Shanghai poursuivra-t-elle une seule de ces stratégies durables ? La question reste ouverte. Les pressions politiques et commerciales ont déjà poussé à la vente de sites isolés. Des îlots ont été identifiés sur une grille et l'immeuble le plus haut de Chine doit être édifié au centre même du parc que nous avions proposé. Le processus de construction en cours nécessite de nouvelles routes pour desservir les îlots déjà vendus et, par conséquent, le type classique de développement non durable obéissant aux lois du marché va voir le jour. Sauf à faire la preuve d'une véritable détermination et d'un engagement en faveur de la ville durable, le gouvernement chinois va devoir rapidement affronter un très haut niveau de congestion, de pollution et d'insatisfaction sociale, à une bien plus grande échelle que celui, endémique, des villes qu'il prend pour modèles.

Le projet du Lu Zia Sui n'est pas un modèle de référence, mais plutôt l'illustration locale d'une approche en amont de planification du développement urbain durable. La nuance est capitale. Toute implantation humaine, du hameau à la plus grande métropole, de celle qui dispose de vastes ressources à celle qui n'en a que très peu, a tout à gagner à penser et planifier de manière durable. Les petites villes, par exemple, peuvent prétendre à un développement durable idéal puisqu'elles offrent la possibilité d'intégrer à la fois les stratégies urbaines et agricoles. Mais, dans tous les cas, construire une ville durable exige une discipline holistique dans la planification, qui prend en compte tous les facteurs composant les besoins physiques, sociaux et économiques d'une collectivité et les met en relation avec un environnement plus vaste. Ce type d'urbanisme nécessite une analyse comparative de la population, de l'énergie, de l'eau, des transports, de la topographie, de l'emploi et, surtout, de la technologie et de la culture locales.

En 1994, l'occasion nous fut offerte de tester cette approche à une petite échelle lorsque nous reçûmes la commande d'une « technopole » post-industrielle durable, fondée sur les technologies de l'information, pour 5 000 résidants, dans les collines de Majorque – une implantation justifiée par la proximité d'une université, et située dans un environnement de qualité bénéficiant d'un climat idéal.

Notre premier travail a été de résoudre le problème le plus évident : comment rendre autonome quant à son approvisionnement en eau cette nouvelle implantation édifiée sur une terre aride ? Nos conseillers environnementaux ont calculé qu'en recueillant 10 % des précipitations annuelles sur la campagne avoisinante, nous pourrions approvisionner les nouveaux habitants et améliorer l'irrigation des récoltes locales. Nous avons proposé de structurer la communauté en trois villages creusés dans les collines et reliés entre eux. Un nouveau réseau de distribution apportait l'eau domestique et alimentait un système de fontaines, de bassins et de mares qui rafraîchissait rues et places et arrosait arbres et plantes. Les eaux usées et celles qui ruissellent étaient utilisées pour irriguer les terres agricoles avoisinantes, ce qui augmentait considérablement la diversité et le volume de la production céréalière – renforçant ainsi la viabilité de la communauté agricole traditionnelle elle-même.

Nous nous sommes concentrés sur le captage des sources d'énergies renouvelables disponibles, dont le soleil, grâce à des cellules photovoltaïques, le vent, grâce à des turbines, et le produit des récoltes tel que l'osier, qui peut être brûlé dans des centrales thermoélectriques locales pour produire de l'énergie. Cela permettait de relancer les emplois agricoles et bouclait la boucle entre la production de gaz carbonique lors de la production d'énergie et son absorption par de nouvelles plantations – utilisation efficace de l'énergie renouvelée par photosynthèse.

Les bâtiments étaient disposés de façon à utiliser pleinement les éléments de la construction pour rafraîchir et protéger les rues et les cours intérieures. Le maillage des rues était conçu pour encourager la marche et la convivialité. Le projet de Majorque cherchait à optimiser l'utilisation de toutes les ressources locales, et plus particulièrement la force de travail, dans le but de créer une implantation peu coûteuse à construire et à gérer, qui pouvait favoriser une vie conviviale. De bien des façons, le développement durable à cette échelle reprend le processus qui a donné leur forme aux premières implantations, des villes du désert aux villages de montagne.

Le concept de durabilité doit aussi être appliqué au « renouvellement urbain » et aux projets de « réaménagement ». Dans les pays en voie de développement, la plupart des villes ont souffert d'une désindustrialisation intense au cours de ces vingt dernières années et ont ainsi laissé en héritage de grands sites abandonnés, souvent situés le long des principales infrastructures de transport et le long des rivières, des axes de fret, des canaux et de la mer. D'autres villes, comme Berlin, Beyrouth, Saigon, Sarajevo et Grozny ont été dévastées par des conflits armés. Dans le cas de Berlin et de Beyrouth, le Mur et la Ligne verte séparaient les factions opposées et scindaient la ville en deux. De ce fait, les destructions les plus lourdes se sont produites au cœur même de leur centre historique et culturel. Qu'ils soient issus de la désindustrialisation ou de conflits, ces sites à réaménager constituent eux aussi des opportunités majeures pour rendre les villes plus durables.

Dans les pays en voie de développement, en revanche, les villes croissent trop vite, ce qui donne naissance à d'immenses bidonvilles. La population urbaine mondiale est composée à moitié de gens ignorant tout de la ville ; pour nombre d'entre eux, le bidonville est leur première et seule expérience de la vie urbaine moderne. Dans la

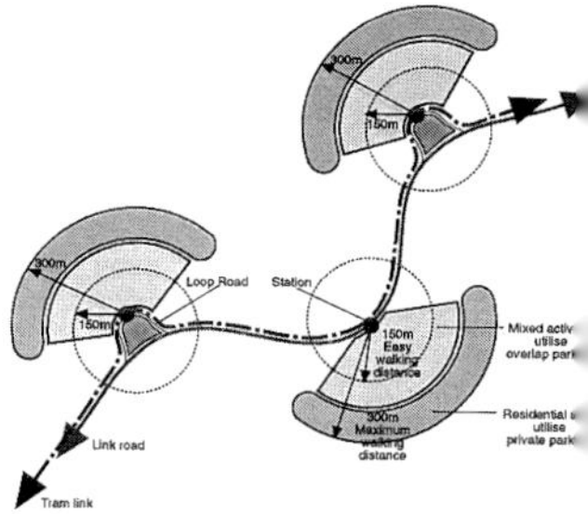

Technopole de Majorque
Premières esquisses
Richard Rogers Partnership

▲ La technopole se divisait en trois communautés d'environ 2 000 habitants. Chacune était implantée en fonction des distances à parcourir à pied et à vélo. Un système de transport public en surface relie le cœur des trois communautés.

► Le rameau et la feuille : les rues rayonnent à partir du centre social de chaque communauté, alors que le développement épouse la douceur des contours du site. Le haut des collines est laissé vierge de toute construction.
Eamonn O'Mahony

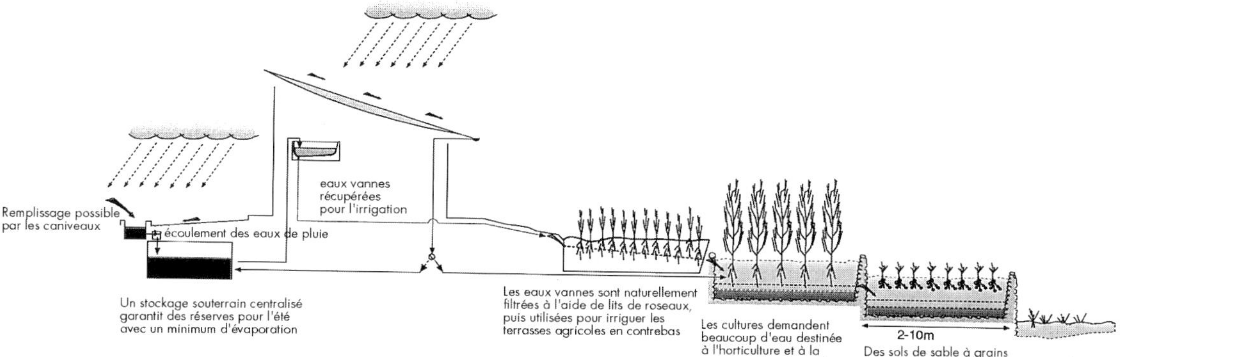

Les eaux usées sont filtrées et réutilisées pour l'irrigation

plupart des villes, ces implantations (normalement illégales) manquent des équipements les plus rudimentaires tels que le tout-à-l'égout, l'électricité et l'eau potable. De manière alarmante, l'instabilité politique, la persécution, la famine, la déforestation et autres pressions continuent de pousser les ruraux vers les villes, même lorsqu'il n'y existe aucune infrastructure économique pour les faire vivre. À Bombay, 5 millions d'individus – environ l'équivalent de la population résidentielle de Londres intra-muros – vivent dans des bidonvilles. On estime que 30 à 60 % des habitants de la plupart des grandes villes du monde en voie de développement vivent sur des « implantations illégales » ou des bidonvilles. Le Rapport global sur l'habitat humain présenté par l'UNCHS (1986) affirme qu'à São Paulo, 32 % de la population vit dans des bidonvilles ; à Mexico, cette proportion est de 40 % ; à Manille, 47 % et à Bogota, 59 %. En Argentine, ces quartiers sont connus sous le nom de *villas miserias*. Ces implantations ont tendance à s'établir sur des terrains en marge, tels que les plaines inondables ou les pentes instables, ce qui les rend vulnérables aux catastrophes naturelles telles qu'inondations, glissements de terrain et tremblements de terre. Elles ne disposent d'aucun équipement public pour l'approvisionnement en eau, l'évacuation des eaux usées, la collecte des ordures et l'énergie ; leurs habitants souffrent par conséquent des effets de la pollution de l'air, de l'eau et des rues. Ils ont besoin de sources d'énergie sûres pour cuire leurs aliments et se chauffer, qui réduisent la pollution de l'air et les risques d'incendie ; de systèmes sanitaires pour protéger leurs ressources en eau et réduire les maladies ; de systèmes d'évacuation des eaux pour réduire les risques d'inondation, mais aussi de transports publics pour améliorer l'accès.

Il nous faut trouver soutien technique et financements pour créer des infrastructures peu onéreuses, nécessaires à l'urbanisation de ces zones, et des partenariats pour mener cette action d'amélioration

Bidonville à Rio de Janeiro, ou à Bombay, Mexico City, Lagos, Istanbul...

À travers le monde, les immigrants ruraux venus dans les villes s'entassent dans des bidonvilles aux égouts à ciel ouvert. C'est le cas à Bogota, par exemple, pour 59 % de la population. Beaucoup de ces implantations informelles s'installent sur des terrains instables et dangereux et sont à la merci des tremblements de terre, des glissements de terrain, des maladies, de la sécheresse et des inondations.

▶ Port-au-Prince.
Jenny Matthews, AVRU/Oxfam

de leurs conditions de vie. C'est ici que la citoyenneté et la participation peuvent être réellement récompensées. Bien qu'en infime proportion, des bidonvilles ont fait preuve de suffisamment de cohésion sociale et d'esprit de ressource pour se transformer en villes viables et peu coûteuses : les habitants ont posé eux-mêmes leur tout-à-l'égout, leurs câbles et leur réseau d'approvisionnement en eau et établi une priorité dans les améliorations à réaliser. Et surtout, cette approche a permis à chaque communauté de créer les conditions de vie uniques qui répondent à ses propres besoins culturels et économiques. En l'absence de répartition plus équitable des richesses, la meilleure façon d'aider les implantations irrégulières est d'encourager l'auto-assistance en fournissant direction technique, financements peu coûteux et soutien politique.

Des exemples de développement durable apparaissent dans les économies en voie de développement. Curitiba, ville brésilienne de 1,5 million d'habitants, souffrait autrefois des problèmes inhérents à l'expansion rapide et de bidonvilles désespérants. Elle est aujourd'hui la référence en matière de ville durable. Curitiba a fait du développement durable et de la participation des citoyens le principe directeur de sa vie quotidienne, et l'environnement est sa priorité. Pendant son mandat de maire, l'architecte Jamie Lerner s'est attaqué aux problèmes de la ville en engageant de vastes politiques. Les bidonvilles étaient pour la plupart confinés aux berges des rivières de la ville et manquaient de vraies routes. Les ordures n'étaient donc pas ramassées et formaient d'énormes monticules à l'odeur fétide sur les berges des rivières qui étaient donc dépourvues de toute végétation et contaminées par l'écoulement des égouts sauvages. Lerner lança une série de programmes visant à impliquer la participation des habitants des bidonvilles pour résoudre ces problèmes. Il offrit des bons de transport aux adultes et des livres et de la nourriture aux enfants en échange des sacs d'ordures apportés aux décharges locales. Très rapidement, les favelas qui auparavant étaient jonchées d'ordures putrides furent nettoyées et paysagées. Les habitants de ces bidonvilles, pour la plupart sans emploi, ont maintenant la possibilité de vendre leurs produits et leur artisanat dans des centres commerciaux indépendants, construits spécialement dans ce but à l'initiative du maire. Ils peuvent aussi obtenir nourriture, éducation et soins médicaux en échange de leur travail. Ce qu'ils produisent et gagnent reste ainsi dans la communauté au lieu de servir à acheter des marchandises étrangères.

Les stratégies de Lerner ne se limitent pas à s'attaquer aux terribles problèmes des bidonvilles. Elles touchent l'ensemble de Curitiba à travers un large éventail de mesures. Il y a vingt ans, la ville offrait 50 centimètres carrés d'espace vert par habitant. Aujourd'hui, après un programme systématique de paysagisme, elle en offre cent fois plus, ainsi qu'un réseau de routes piétonnes et de voies cyclables. Lerner a cherché à modeler le développement rapide de la ville autour de son système de transports publics. Le contraste entre Curitiba et São Paulo est frappant. São Paulo, qui, au classement mondial, se situe à la troisième place pour sa population mais aussi pour son taux de pollution, n'est qu'une masse compacte de bâtiments, ponctuée de façon anarchique de gratte-ciel. Elle est constamment embouteillée et son niveau de pollution est dramatique. La ville semble dépourvue de centre, de diversité et de cohérence urbaine.

Les urbanistes engagés par Lerner ont opposé à l'expansion rapide une stratégie très simple. Curitiba est divisée en zones de telle sorte que ses gratte-ciel résidentiels et tertiaires longent les cinq axes majeurs dédiés aux transports publics : des voies spéciales ont été construites pour des bus à grande vitesse et à grande capacité circulant en surface, cela pour un coût de 200 000 dollars le kilomètre

Curitiba : promouvoir le développement urbain durable

▲ Prendre le métro-bus de surface.
À chaque arrêt, une intelligente capsule vitrée est commandée par le« conducteur » 24 heures sur 24. À l'entrée, les passagers achètent les billets au conducteur qui fait aussi fonctionner l'ascenseur rue-plateforme. La gare et les bus sont conçus avec plusieurs entrées, comme pour un système ferroviaire souterrain afin de minimiser les temps de montée et de descente. Le transport public, c'est sécurisant, rapide et intelligent.
Nani Gois, SMCS

◄ La première université de l'environnement.
Pour participer à l'approche holistique du développement durable, chaque classe scolaire, y compris l'enseignant, passe une semaine à l'université pour apprendre comment sa propre intervention, à petite échelle, contribue à apporter des bénéfices réels et pratiques pour l'environnement. En encourageant la participation, un réel *éthos* culturel se développe, qui colore chaque aspect de la vie à Curitiba.
Nani Gois, SMCS

au lieu des 60 millions de dollars d'un système souterrain traditionnel. Au centre de la ville, les principales rues et places sont piétonnes. L'« avenue des Fleurs » et le « quartier des Vingt-Quatre heures » accueillent le cœur administratif de Curitiba ; tous les principaux systèmes de transports publics convergent au centre et parent au besoin de prendre sa voiture.

L'œuvre maîtresse de Curitiba et de la pensée de Lerner est la transformation des carrières abandonnées de la ville en centre culturel paysagé. L'architecte a passé commande de trois projets modestes mais culturellement très intéressants. Une carrière accueille l'« université de l'Environnement », installée à l'intérieur d'une structure circulaire construite avec des poteaux télégraphiques récupérés. Enfants et enseignants y suivent des cours spécialisés expliquant les principes et les résultats tangibles du développement durable. Dans une autre carrière, Lerner a fait construire un opéra vitré suspendu au-dessus d'un lac avec, pour toile de fond, le paysage théâtral des parois de la carrière. Et dans la troisième, un auditorium naturel paysagé de 25 000 places pour les concerts et les festivals. Curitiba est plus robuste que belle, mais l'agenda urbain de Lerner a créé un authentique esprit de participation chez ses citoyens. Ses initiatives ont soudé les habitants à leur ville, donnant ainsi naissance à une fierté extraordinaire et encourageant les actions futures.

L'énorme problème posé par les implantations irrégulières créées par les pauvres des villes devrait être abordé depuis l'intérieur de la communauté et, comme à Curitiba, ces questions doivent être intégrées dans la matrice de la planification urbaine globale. Les implantations « irrégulières » ne peuvent être planifiées de manière classique, mais leur installation doit être encouragée sur des sites où la capacité du sol à supporter une population, en termes d'eau, d'énergie et de résistance aux catastrophes naturelles, a été prouvée.

Soutien technique et accès aux données topographiques et météorologiques sophistiquées peuvent aider à planifier des systèmes agro-urbains stratégiques pour fournir eau, énergie et nourriture saines, et pour créer des schémas d'implantation suffisamment robustes qui résistent aux risques écologiques prévisibles. Cette technologie et cette expertise sont développées essentiellement dans le monde industrialisé et devraient être aussi mises au service des communautés plus pauvres.

En Afrique du Sud, en ex-Yougoslavie et en Tchétchénie, et dans d'autres pays où la consolidation des communautés est aujourd'hui une priorité politique, la question du comment construire de nouvelles implantations, et sous quelle forme, est capitale. Impliquer les communautés dans le processus de création d'implantations saines, rentables et durables qui répondent aux cultures et aux besoins locaux apportera à long terme de vraies solutions. La participation effective est la clé de solutions urbaines qui peuvent transformer des vies.

Durabilité implique éducation pour tous

◄ Bien que la plupart des enfants de Santa Fe aient accès à l'enseignement primaire, au moins un tiers d'entre eux quittent l'école au bout de trois ans pour commencer à travailler et augmenter ainsi le revenu familial. Seulement un enfant sur cent suit un enseignement supérieur.
Stuart Franklin, Magnum

Je suis convaincu que la multitude d'approches probantes pour construire des communautés durables peut remédier à la folie et à l'ignorance dont on fait preuve aujourd'hui dans la construction des villes. Les forces financières et politiques qui poussent sans cesse au déclin de l'environnement et à la décrépitude de la vie en ville doivent être canalisées par des objectifs urbains durables du point de vue de l'environnement et socialement équitables. Pour y parvenir, la société va devoir exploiter la technologie et les communications modernes, impliquer ses citoyens et prendre à bras-le-corps la complexité de la ville contemporaine. Elle aura aussi besoin de croire que la beauté et la fierté civiques ont une valeur. Au lieu de bâtir des villes qui aliènent nos communautés et écrasent l'environnement, il nous faut construire des villes qui les nourrissent.

3 Une architecture durable

« Lorsque l'union de ce qui naît et de ce qui est fabriqué sera totale, nos inventions apprendront, s'adapteront, guériront d'elles-mêmes, et évolueront. C'est un pouvoir dont nous n'avons même pas encore osé rêver. »

Kevin Kelly,
Hors contrôle

3 L'architecture est née du besoin de l'humanité de s'abriter. Elle est rapidement devenue une expression fondamentale de l'habileté technologique et des objectifs spirituels et sociaux. L'histoire de l'architecture illustre l'ingéniosité de l'humanité, son sens de l'harmonie et des valeurs. Elle est le reflet profond des motivations complexes des individus et des sociétés.

L'architecture extrait la beauté de l'application d'une pensée rationnelle. Elle est le jeu entre la connaissance et l'intuition, la logique et le spirituel, le mesurable et le non-mesurable. Comme dans une fugue de Bach, le *New York Boogie Woogie* de Mondrian ou *En attendant Godot* de Becket, la beauté se fond avec l'ordre. L'architecture s'attache davantage à la fonction mais l'ordre esthétique n'en est pas moins essentiel. Le Parthénon, le *Tempietto* de Bramante ou le Salk Centre de Kahn, tous atteignent le sublime par le rationnel.

▲ *Page précédente*
Tissé dans la nature

Habitat en adobe, Mesa Verde, Nouveau-Mexique.
Mike Davies

La fertile complexité des motivations humaines, à l'origine de l'architecture, est aujourd'hui en train d'être dépouillée. On ne construit quasiment plus que pour le profit. Les nouveaux bâtiments ne sont plus guère perçus que comme des produits financiers, des écritures dans les bilans des entreprises. La recherche du profit décide de leurs formes, de leur qualité et de leurs performances. Toute dépense sans objectif de profit à court terme expose le maître d'ouvrage à des sorties de capitaux à long terme, ce qui rend les entreprises moins compétitives, donc plus vulnérables aux attaques financières et, à terme, aux rachats. Notre économie « bas de gamme » – dont le but est, selon les termes effrayants de l'entrepreneur thatcherien Lord Hanson, « de s'emparer dès aujourd'hui de l'argent de demain » – n'incite nullement à investir dans les technologies écologiques qui ne seront rentables qu'à long terme. Cette stratégie est l'antithèse de la pensée durable et l'emporte massivement sur les considérations esthétiques essentielles à la bonne architecture : elle n'encourage nullement les gestes citoyens qui consistent, par exemple, à créer une arcade, elle ne voit aucune raison à utiliser de bons matériaux, de paysager un bâtiment, voire de planter un arbre.

Les pionniers du Mouvement moderne – Frank Lloyd Wright, Le Corbusier, Mies van der Rohe, Nervi, Alvar Aalto, Buckminster Fuller, Lubetkin, Prouvé – se sont tournés vers les techniques industrielles et les nouvelles formes car elles offraient une liberté créatrice et la perspective d'améliorations sociales. Aujourd'hui, l'énorme potentiel de ces techniques n'est appliqué que dans un seul but : faire de l'argent. Regardez attentivement n'importe quel programme commercial et vous verrez à quel point il est rogné et grossier. Après un siècle de raffinement, la construction de bâtiments en acier ou en béton n'a jamais été si bon marché, et les bâtiments n'ont jamais été construits à si peu de frais. Ces structures dénudées, avec leur façade classique, néovernaculaire ou moderne, comme choisie dans des catalogues, ne respectent en rien le lieu ni les gens. Des bâtiments de tous types sont préconditionnés et standardisés ; les architectes sont sélectionnés sur leurs tarifs plutôt que sur la qualité de leur travail. La profession est condamnée à rendre le plus grand projet, le moins cher possible, dans le temps le plus court, et à habiller des façades dans un style ou un autre « à boulonner sur place ». Ces bâtiments sont les structures assoiffées d'énergie qui consomment la moitié de la production annuelle.

Mais les bâtiments ne sont pas de simples éléments de confort. Ils constituent la toile de fond de notre vie en ville. L'architecture est l'art auquel nous sommes confrontés à chaque instant. Elle enrichit ou entrave notre vie car elle crée l'environnement où prennent place toutes nos expériences quotidiennes, les plus insignifiantes comme les plus fécondes. Rien d'étonnant à ce que l'architecture devienne un sujet de controverse, ou qu'elle soit l'art le plus largement et le

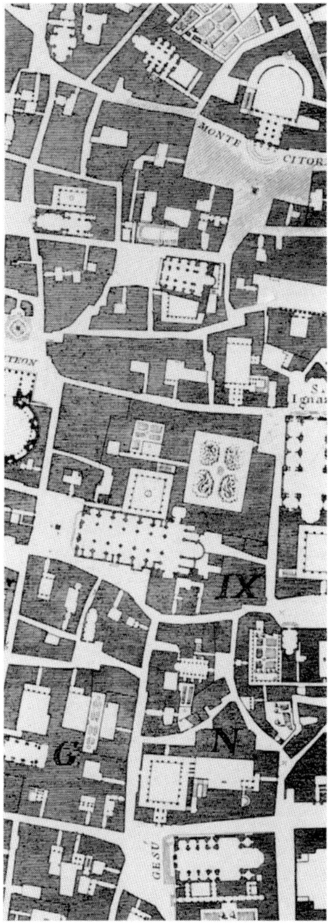

Public et privé

▲ Giambattista Nolli, Plan de Rome, 1768

La ville comme lieu de rencontre.
Le plan de Nolli révèle le réseau très étendu de voies et d'espaces publics creusé dans la masse de la ville : le domaine public. Un lieu où les citoyens interagissent et où le caractère de la ville se définit spatialement comme culturellement.

plus passionnément critiqué par le public. Le statut spécial que nous donnons à l'architecture dans notre vie exige une extrême vigilance de la part du citoyen et cela nécessite que la société soit informée et prescriptrice en ce qui concerne la qualité.

La profession, elle aussi, doit se positionner d'un point de vue éthique. L'exigence, faite à l'architecture, de contribuer à la durabilité sociale et environnementale donne désormais aux architectes des responsabilités qui dépassent largement celles d'un dossier classique. Le statut et le pouvoir de la profession ont périclité sous le poids de la pression commerciale. Ellen Poster a commenté ce dilemme auquel l'architecte est aujourd'hui confronté :

« En tant que membres d'une profession aujourd'hui dépourvue d'éthique, ils ne mènent plus la discussion. Commandités par des maîtres d'ouvrage pour installer des murs et des allées privées capables de maintenir à distance ou de décourager les indésirables, ou engagés pour mettre en place des expériences commerciales privées à partir de ce qui aurait pu être des espaces publics, nombre d'entre eux deviennent complices de la structuration du langage urbain prônant la division. »

Dans ce chapitre, j'explorerai les façons dont les bâtiments peuvent enrichir l'espace public de nos villes, répondre aux besoins changeants de leurs usagers et exploiter les technologies durables plutôt que les technologies polluantes. Les bâtiments devraient être source d'inspiration et composer des villes qui célèbrent la société et respectent la nature. Notre besoin actuel de bâtiments durables offre aujourd'hui la possibilité de refonder nos ambitions et de développer de nouveaux ordres esthétiques – cela pourrait impulser la renaissance de la profession d'architecte.

New York

▲ Central Park
Les bâtiments définissent la forme et la qualité du domaine public : la signature de la ville.

Les villes sont un compromis entre droit privé et responsabilité publique. En 1768, l'architecte Nolli dressa une carte de Rome ; en noircissant les espaces privés, il mit en évidence tous ceux qui restaient accessibles aux citoyens. Outre les passages, rues, places et parcs que nous considérons tous comme publics, il inclut les différents espaces semi-publics tels que les églises, les bains publics, les mairies et les marchés. Nolli montra en deux dimensions les espaces à travers lesquels les citoyens pouvaient circuler librement. Mais c'est la masse tridimensionnelle de chaque bâtiment individuel qui définit le domaine public, une suite d'espaces sans rupture et sans cesse changeante : la signature de la ville. Nous le ressentons dans les espaces comprimés des villes murées, où nous sommes conduits à travers d'étroites allées, puis des rues, pour émerger dans la dramaturgie d'une place publique démonstrative ; ou bien dans les villes plus ouvertes comme Bath, dont les ronds-points, les rues en arc de cercle et les places dégagent des volumes géométriques purs et généreux. Même dans le quadrillage de New York il existe un damier d'espaces publics interconnectés, depuis le Paley Park « de poche » jusqu'à la Rockefeller Plaza et au splendide Central Park.

La plupart de nos jardins publics, de nos places et avenues nous ont été légués par les siècles précédents. À notre époque moderne de la démocratie on pourrait s'attendre à un important élargissement du domaine public, mais il semble qu'avec notre trafic et notre avidité personnelle, nous apportions notre contribution au rétrécissement de cet espace. Le domaine public se restreint du fait de l'impérieuse exigence de sécurité, de l'instauration de droits d'entrée dans les établissements culturels, du déclin des équipements collectifs et de la prédominance de la voiture. Tout cela réduit les espaces publics à d'étroits trottoirs. Et les bâtiments sont construits comme s'ils étaient des objets solitaires et non des éléments qui ceignent et façonnent le domaine public.

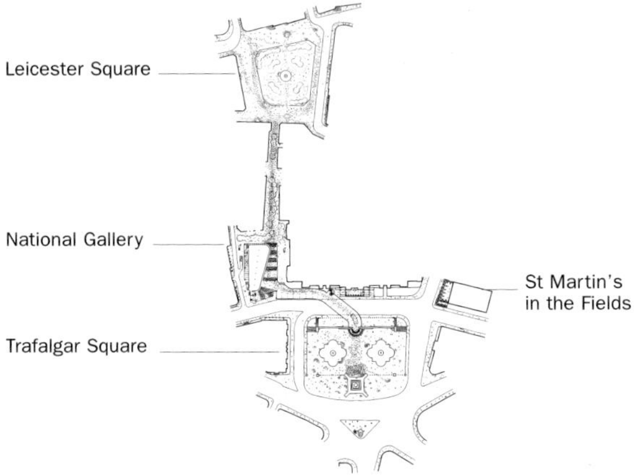
Leicester Square
National Gallery
St Martin's in the Fields
Trafalgar Square

Concours pour la National Gallery, Londres
Richard Rogers Partnership

◄ Le petit site se trouve entre deux places publiques importantes : Trafalgar et Leicester Squares. Concevoir le site comme charnière entre les deux places exige une forme de bâtiment qui permet une forte relation visuelle et physique. Le cheminement public est devenu un élément important de définition du projet final.

◄ Vue sur la Colonne Nelson depuis la voûte, haute de quatre étages, de l'extension proposée pour la National Gallery.
John Donat

◄ La « tour panoramique » proposée signale le nouveau cheminement public vers Leicester Square et équilibre la relation entre les tours autour de l'entrée principale de la National Gallery.
John Donat

Les bâtiments mettent en valeur l'espace public de multiples façons : ils profilent la ligne des toits, bornent la ville, incitent l'œil à explorer, célèbrent les croisements des rues. Mais même au niveau le plus modeste, la façon dont les détails de la construction (son revêtement, ses rampes, ses trottoirs, sa sculpture, son mobilier urbain, ses signes) rapprochent l'architecture de l'échelle humaine ou permettent la perception tactile affecte profondément la rue. Le plus infime détail a un effet déterminant sur l'ensemble. Un bâtiment qui prétendrait à la beauté – c'est-à-dire à transcender le quotidien, à élever l'esprit de ceux qui l'occupent – doit répondre à ces préoccupations.

Laissez-moi vous donner quelques exemples pour illustrer la manière dont le domaine public peut nourrir la forme et le concept d'un bâtiment. En 1984, nous avons participé au concours (que nous avons perdu) pour l'extension de la National Gallery, à Londres. Nous avions commencé par élargir notre étude au-delà du site proposé, laissé à l'abandon depuis la guerre. À notre grande surprise, nous avons découvert que ce petit site détenait la clé pour sortir Trafalgar Square de son isolement – autrefois cœur de l'Empire, aujourd'hui piège à touristes pollué, cerné par la circulation automobile. Isolé de la vie publique quotidienne de la ville, c'est seulement dans de rares occasions, lors de meetings, de manifestations ou de cérémonies, que Trafalgar Square retrouve son rôle civique. Nous avions proposé de le réintégrer en traçant une voie piétonnière depuis Trafalgar Square jusqu'à Leicester Square, qui passait par le site d'extension du musée.

Relier ces deux places devint la ligne directrice du projet. Nous proposions une volée d'escaliers qui descendait de Leicester Square, traversait notre extension de la National Gallery (en prenant à peu près la moitié de la surface du rez-de-chaussée) et se connectait à Trafalgar Square, par une ample galerie creusée au-dessous de la rue très passante. Pour marquer cette nouvelle voie et indiquer au public l'entrée de l'extension, nous proposions de placer une tour d'observation en haut des escaliers. Cette tour répondait à celle, magnifique, de St Martin's in the Fields et créait une composition symétrique d'éléments verticaux encadrant la National Gallery, renforçant son horizontalité et mettant en valeur son point de vue sur la colonne Nelson. Ainsi, deux places publiques indépendantes mais capitales étaient physiquement cousues ensemble dans un même tissu, une nouvelle voie était créée et une nouvelle composition équilibrée établie sur la place, tout cela grâce à une construction somme toute assez petite.

À une bien plus grande échelle, notre projet pour le concours portant sur la réalisation d'un grand centre de conférences au cœur de Tokyo illustre comment le fait de regarder au-delà des limites du site proposé pour embrasser un contexte plus large peut faire émerger de nouvelles formes d'espaces publics et de nouveaux types d'architecture. Le dossier précisait qu'il devait y avoir trois gigantesques salles de conférences. Nous avons donc évalué l'impact d'un tel mégacentre sur un site déjà congestionné. Nous sommes arrivés à la conclusion que, loin d'avoir besoin de plus de bâtiments au sol, le site – qui était totalement dépourvu d'espace public – serait mieux servi par une série d'espaces ouverts offrant un lieu pour les activités publiques, pour que, tout simplement, les gens ralentissent l'allure et se rencontrent.

Nous proposions de suspendre les bâtiments en les accrochant au niveau du sixième étage. La totalité du rez-de-chaussée ainsi libérée offrait au public de grands espaces extérieurs couverts. Pour ce faire, nous avons travaillé en relation étroite avec le brillant ingénieur Peter Rice, de l'agence Ove Arup and Partners, sur une solution structurelle permettant de suspendre ces grandes salles tout en répondant aux réglementations antisismiques extrêmement contraignantes qui régissent toute construction à Tokyo. Trois capsules argentées géantes contenant les salles de conférences, prévues pour 10 000 personnes, étaient suspendues comme des bateaux en cale sèche au-dessus des espaces publics abrités. L'accès aux salles et à leur jardin suspendu se faisait à l'aide d'escalators installés dans des tubes vitrés qui se croisaient au-dessus des espaces publics. Les places publiques étaient encaissées par rapport au niveau de la rue et entourées de cafés, d'espaces d'exposition, de restaurants, de cinémas et de boutiques. Ce projet faisait référence à la tradition de construction navale du Japon et à sa remarquable capacité industrielle.

Ces deux projets très orientés vers le public montrent comment les bâtiments dialoguent avec le domaine public. Lorsque les bâtiments enrichissent le domaine public, ils encouragent les gens à se rencontrer et à se parler. Ils interpellent le passant. Ils stimulent plutôt que répriment l'humanité naturelle de chacun. Ils humanisent la ville.

Tout en encadrant la vie publique, les bâtiments répondent aux besoins spécifiques de ceux qui les utilisent. Ce qui soulève une question pratique : comment concevoir des bâtiments qui suivent le rythme de l'évolution des besoins des individus ? La vie moderne évolue bien plus vite que les bâtiments qui l'abritent. Un bâtiment, aujourd'hui place financière, peut devoir se reconvertir en immeuble de bureaux dans cinq ans, et en université dans dix. Les bâtiments qui peuvent être transformés aisément servent donc plus longtemps et représentent une utilisation plus efficace des ressources. Mais chercher à intégrer une souplesse d'utilisation éloigne inévitablement l'architecture des formes établies et parfaites. L'architecture classique, par exemple, tire sa beauté de sa composition harmonieuse : on ne peut rien lui ajouter ni lui enlever. Mais lorsque la société exige des bâtiments à même de répondre à l'évolution des besoins, il nous faut alors procurer cette flexibilité et rechercher de nouvelles formes qui expriment la beauté dans l'adaptabilité.

Mon partenaire Renzo Piano et moi-même avions cela en tête lorsque nous avons conçu le Centre Pompidou, à Paris. Le bâtiment a été imaginé non comme un monument mais comme un lieu public où différents âges, intérêts et cultures pouvaient se côtoyer. Le Centre héberge des équipements qui vont de la salle de conférences aux cinémas, restaurants, bibliothèques, salles de concerts et galeries d'art. Notre but était de créer un bâtiment qui n'entraverait pas leur réaménagement futur mais où les activités elles-mêmes, avec le temps, lui dicteraient sa forme. Nous proposions comme solution un cadre d'espaces qui pouvaient être additionnés ou enlevés les uns aux autres, ouverts ou cloisonnés. En plaçant les piliers structurels, les gaines techniques, les ascenseurs et les couloirs à l'extérieur, nous libérions tous les niveaux – chacun de la taille de deux terrains de football – de tout obstacle. L'accès aux activités se faisait par un système de rues publiques extérieures accrochées à la façade. Elles étaient libres d'accès et permettaient à tous de jouir de la vue sur la piazza et sur la ligne de toits de Paris. Les escalators, « rues suspendues dans l'air », et les plates-formes panoramiques prolongeaient la piazza publique sur la façade du bâtiment et créaient une série de terrasses ouvertes et de galeries vitrées où chacun pouvait voir et être vu.

Centre Pompidou, Paris
Piano + Rogers

► Le bâtiment comme écran d'information pour le public. La forme indéterminée du Centre permet la souplesse d'utilisation.

Concours pour le Forum de Tokyo
Richard Rogers Partnership

► Proposition d'un nouveau lieu de rendez-vous ouvert 24 heures sur 24 pour les habitants de Tokyo. Une extension de taille du domaine public créée en suspendant les trois halls géants, de façon à redonner au public l'utilisation totale du niveau de la rue. Le dessin montre les halls suspendus comme des bateaux en cale sèche. Le paysage de la rue à multiniveaux offre un accès aux restaurants, cafés, galeries et expositions.

L'échelle d'un bâtiment n'est pas déterminée par sa seule taille mais par l'articulation de ses éléments. Pour réduire l'impression de masse du Centre, nous avons créé une façade qui capte et sculpte la lumière. Elle est faite de plusieurs couches, ce n'est pas un mur mais une série d'écrans transparents et de structures métalliques,

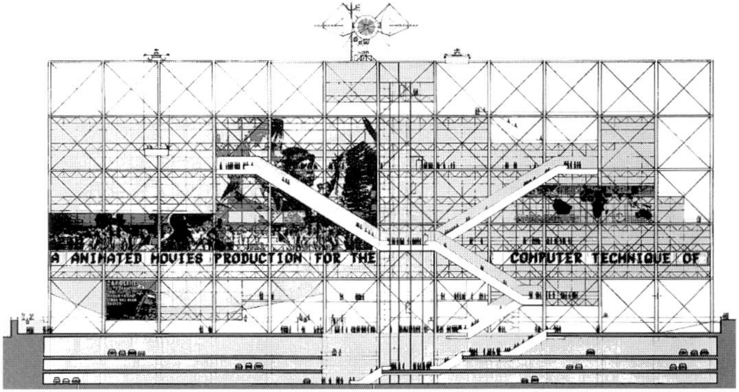
A ANIMATED MOVIES PRODUCTION FOR THE
COMPUTER TECHNIQUE OF

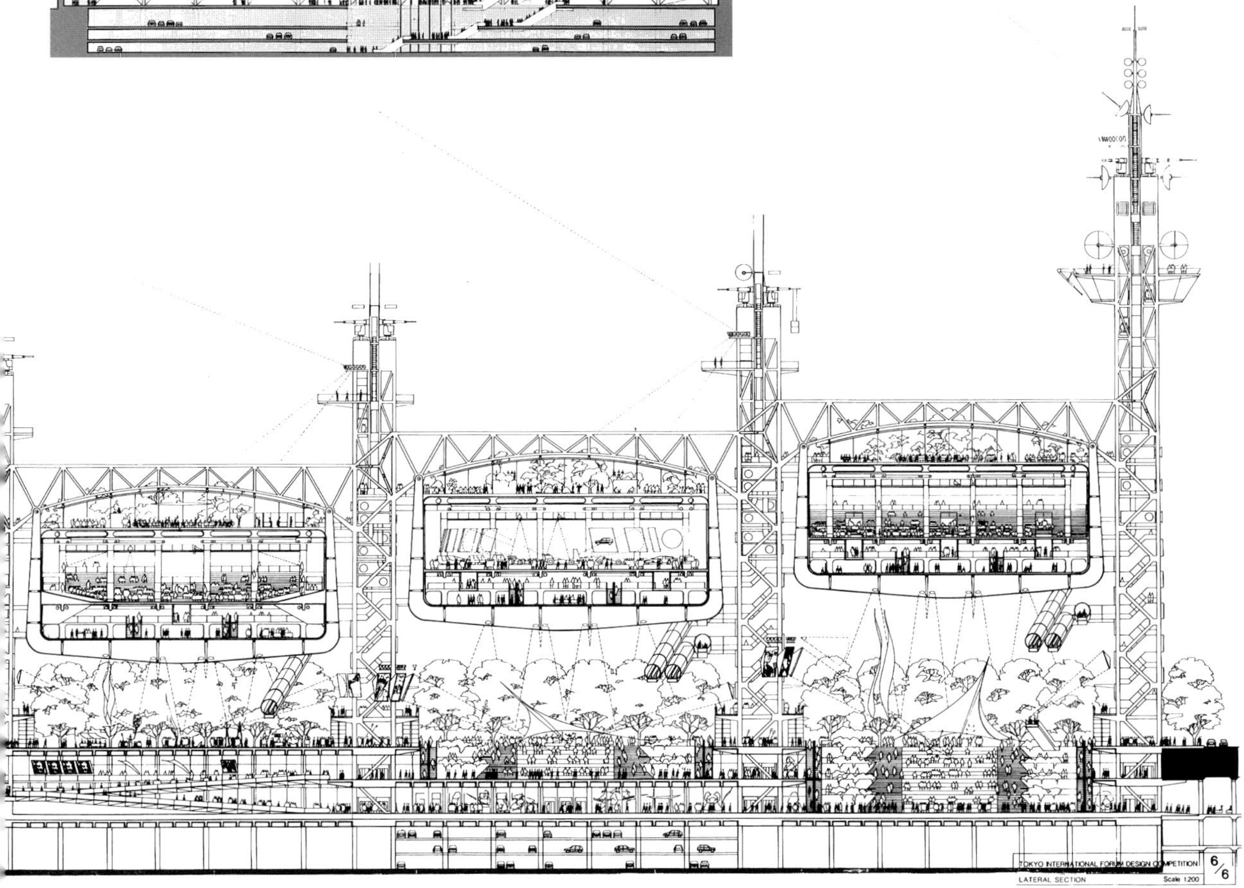
TOKYO INTERNATIONAL FORUM DESIGN COMPETITION
LATERAL SECTION
Scale 1:200
6/6

avec des terrasses et des balcons, les uns derrière les autres. De façon à créer un bâtiment qui pourrait être radicalement transformé de manière imprévisible et garder sa cohérence, nous avons conçu un kit d'éléments qui pouvaient être assemblés de différentes manières. Un village médiéval superposé et sans cesse changeant plutôt qu'un temple néoclassique.

Chaque génération a besoin de réinventer ses institutions publiques et d'en créer de nouvelles. Le Centre Pompidou était tout autant une exploration de ce concept d'institutions adaptables, pluralistes, qu'une exploration architecturale de l'espace flexible et de la forme architecturale fragmentée. À nouvelles idées, nouvelles formes, et cela vaut pour les bâtiments qui abritent nos besoins quotidiens comme pour nos institutions, qu'il s'agisse de maisons, de bureaux, d'universités, d'écoles, d'hôpitaux ou de musées. Les bâtiments inflexibles bloquent l'évolution de la société en inhibant les nouvelles idées.

Si les nouveaux bâtiments doivent répondre aux besoins changeants de la société, il nous faut alors réfléchir à la manière d'adapter les bâtiments existants, bien plus nombreux. Mis à part le problème propre à la protection des plus célèbres, la conservation de notre patrimoine architectural en général soulève des questions fondamentales. Restaurer aveuglément de vieux bâtiments pour qu'ils retrouvent leur soi-disant état d'origine est, à mon avis, une méprise qui va à l'encontre de l'essence même de l'architecture traditionnelle. On a toujours adapté les bâtiments, leur décoration, leur plomberie et leur réseau électrique tout au long de leur existence. Mais ce processus organique se grippe devant l'excès de protection. Du coup, les bâtiments deviennent moins souples : ils coûtent plus cher à reconvertir et peuvent restreindre de nouvelles activités. Le pire consiste à conserver les façades et à construire

Centre Georges-Pompidou
Piano + Rogers

La foule attire la foule

▲ Les espaces publics s'élèvent de la piazza jusque sur la façade, créant un domaine public à plusieurs niveaux.
Richard Einzig, Arcaid

► Les passages et les escalators publics attirent les visiteurs jusqu'aux portes des galeries et offrent des points de vue splendides sur Paris et la piazza.
Richard Einzig, Arcaid

▲ École maternelle et primaire, Hampshire
Hampshire County Council

Les nouvelles formes de bâtiment facilitent les nouvelles façons d'enseigner. L'architecture a un rôle essentiel à jouer dans l'évolution de notre attitude face à l'éducation.
© Reid & Peck

◀ Centre de ressources Paul Hamlyn, université de Thames Valley
Richard Rogers Partnership

derrière un bâtiment sans aucun rapport. Cette solution expéditive réduit toute architecture intéressante à une enveloppe historique – le « patrimoine » camouflant un bâtiment commercial moderne et généralement banal.

Au contraire, l'histoire nous prouve que même les meilleurs de nos bâtiments peuvent être profondément modernisés pour répondre à de nouveaux besoins. Il suffit, pour ce faire, d'instaurer un dialogue entre l'ancien et le neuf ; je pense au Castelvecchio de Scarpa à Vérone, à la Sackler Gallery de Foster dans la Royal Academy de Londres. Lorsqu'on regarde l'histoire d'un bâtiment tel que le Louvre – qui a vécu des changements quasi permanents pendant des centaines d'années sans jamais perdre son unité et parle de manière éloquente de chaque période passée – je suis émerveillé par le continuum de cette culture qui lui a donné sa forme actuelle, pyramide de verre incluse. Le travail de Ieoh Ming Pei, au Louvre, a prouvé que plus le bâtiment est noble, plus la réponse doit être de grande qualité – dans sa pensée comme dans son exécution. Conserver l'apparence historique de quartiers entiers est un parcours semé d'embûches. Une œuvre contemporaine, intelligente, exécutée avec adresse et intégrité, s'accordera mieux, dans tous les quartiers, à l'exception des plus sensibles, avec ses voisins plus âgés que ne le ferait un bâtiment moderne drapé dans un costume historique. Juxtaposer anciens et nouveaux bâtiments est une pratique qui a un long et honorable passé dans nos cités et nos villes.

En Grande-Bretagne, beaucoup de nos villes se délectent du contraste entre médiéval, georgien et gothique. Il existe des compositions sublimes, telles que celle du King's College, à Cambridge, où la célèbre chapelle gothique, autrefois isolée au milieu d'une prairie, se détache aujourd'hui devant des bâtiments classiques : édifices d'une époque se dressant fièrement à côté de ceux d'une autre. Autres superbes exemples, hors de Grande-Bretagne : la Piazza della Signoria, à Florence, où la galerie des Offices, bâtiment classique de Vasari, dialogue de manière si puissante avec la splendeur médiévale du Palazzo Vecchio. Ou, à Venise, l'effervescente cathédrale byzantine encadrée par les élégantes arcades de style classique de la Piazza San Marco. Tous témoignent de la valeur d'une approche courageuse qui embrasse le changement.

L'esthétique traditionnelle, fondée sur le principe que les bâtiments doivent se conformer à leurs voisins, doit être remise en question. Dans les formes déconnectées d'une rue de Tokyo, où, pour un Occidental, les seuls éléments visuels unificateurs sont les kakemonos verticaux et les panneaux d'information électroniques, eux-mêmes interrompus par d'occasionnels temples religieux, une beauté émerge du chaos apparent. Pourquoi faudrait-il se protéger du choc de la nouveauté ?

Aujourd'hui, nous laissons notre patrimoine architectural étouffer notre futur. Le déménagement de la célèbre Reading Room de la British Library hors du British Museum, par exemple, offre l'occasion de recentrer l'institution tout entière sur cette superbe pièce sous coupole et de l'ouvrir comme place publique centrale. Mais les scrupules quant au changement d'usage d'un bâtiment majeur mettent en péril cette solution, évidente mais radicale. Ne laissons pas les fantômes de la Reading Room nuire au contact naturel entre les gens et entraver la réorganisation de notre institution culturelle la plus prestigieuse. Conserver un bon bâtiment vaut évidemment mieux que le détruire pour le remplacer par un autre, plus pauvre, mais un bâtiment ne doit pas être conservé au détriment de l'innovation. On ne dira jamais assez combien il est important d'apporter un souffle de vie à notre patrimoine architectural. Faire de nos villes

Superpositions de cultures

L'union de l'ancien et du neuf engendre une composition harmonieuse d'architectures complémentaires et donne un nouveau souffle au patrimoine culturel.

▲ La pyramide du Louvre
I.M. Pei, architecte.
Serge Hambourg

► King's College, Cambridge

► Piazza della Signoria, Florence

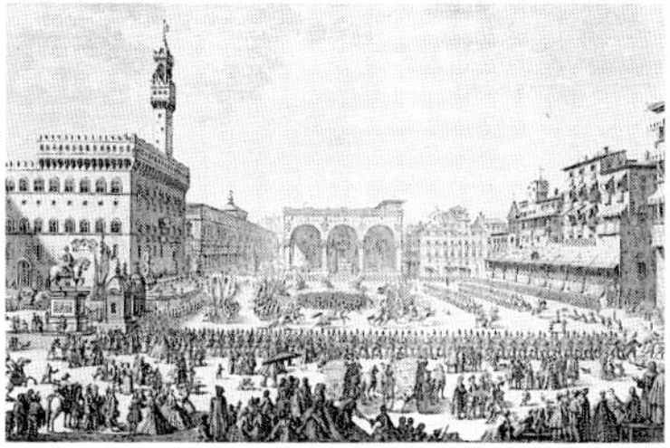

des musées sclérose la société. L'historien Roy Porter le résume bien : « Lorsque les bâtiments l'emportent sur les gens, on a le patrimoine, pas l'Histoire. » En se démarquant des idées préconçues en matière d'architecture, l'architecte se libère et peut exploiter de nouvelles technologies et techniques de fabrication. Vu la crise mondiale du logement, cet enjeu ne peut plus être ignoré. Oser l'utilisation de matériaux nouveaux, recyclés ou composites peut entraîner des réductions de coût et apporter des améliorations qualitatives. Cette approche innovante peut impliquer les technologies de pointe comme celles de base.

▲ Scène de rue à Tokyo
Mike Davis, Magnum

Le choc du nouveau

► La proposition de Daniel Libeskind pour l'extension du Victoria & Albert Museum oublie les bonnes manières et fait place au théâtre. Il défie le spectateur de découvrir le bâtiment et de le comparer à son environnement.
Harry Gruyaert

En 1991, nous fûmes contactés par un fabricant coréen qui visait l'énorme marché du logement asiatique. La prospérité économique de la Corée a entraîné de profonds bouleversements sociaux : les jeunes couples quittent le foyer parental, créant ainsi une très forte demande de nouveaux logements. La demande de main-d'œuvre dans les industries de transformation en pleine expansion a créé un vide dans l'industrie de la construction, augmentant ainsi le coût des logements. Notre client désirait vivement explorer les techniques de préfabrication en usine pour la production de logements. L'objectif était de réduire de quelque 80 % le coût à la livraison d'une unité préfabriquée. Obtenir une telle réduction des coûts exigeait de prendre en considération la fabrication, l'assemblage et l'équipement de chaque élément de l'unité résidentielle, depuis la structure jusqu'au vitrage et aux équipements intérieurs. Avec l'ingénieur Peter Rice, nous avons conçu un système de panneaux structurels légers utilisant des composites de plastique recyclé et de tôles métalliques. L'élément de base du système était une « boîte », unité de logement individuelle, de la taille d'un conteneur standard, qui pouvait être assemblée pour constituer des ensembles résidentiels de faible hauteur, des cours intérieures ou des tours. Restait aux acquéreurs à dessiner les plans de leur appartement, à choisir les

équipements et à contrôler le résultat sur une modélisation par ordinateur. L'unité personnalisée était fabriquée et totalement équipée en usine. Finalisée, elle était transportée sur le site par camion et mise en place par des grues reliées à des ordinateurs.

Par opposition à ces procédés hautement technologiques, un logement d'urgence fut mis au point à Kobe, au Japon, par l'architecte-ingénieur Shigeru Ban, avec des matériaux et des techniques de production tout à fait humbles et courants. Les structures portantes des murs, des plafonds et des sols sont composées de tubes en carton fait de couches de papier recyclé. Une maison pour quatre personne se monte en six heures. Depuis le succès de l'application de ce matériau à Kobe pour offrir des logements et une église de quartier, le Haut Comité aux réfugiés des Nations unies a subventionné une étude plus poussée de son utilisation pour les camps de réfugiés. Dans ces situations, les machines de base qui permettent de produire les tubes en papier in situ, à partir de déchets existants, peuvent être apportées par avion.

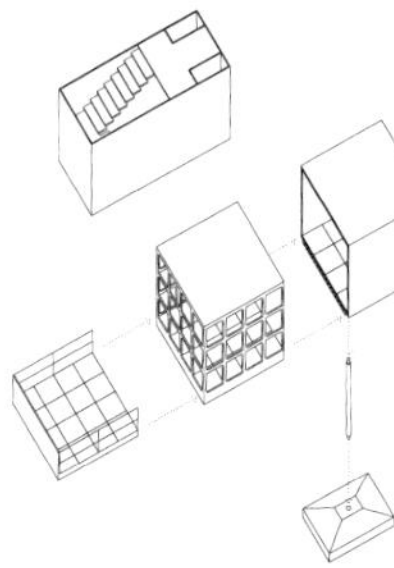

Je viens d'argumenter sur la façon dont le domaine public doit donner sa forme au bâtiment et comment les bâtiments flexibles nous offrent de nouvelles voies pour organiser notre vie. Ces deux concepts encouragent l'émergence d'une société palpitante et renforcent la dimension sociale de l'environnement durable. Je voudrais maintenant décrire comment la mise en œuvre de la durabilité révolutionnera la forme architecturale et comment cette approche pourrait être exploitée par les architectes pour humaniser et embellir leurs bâtiments.

Comme nous l'avons déjà vu, la moitié de l'énergie issue des combustibles fossiles est consommée par les bâtiments. Selon le journal *Scientific American*, les bâtiments des pays industrialisés ont

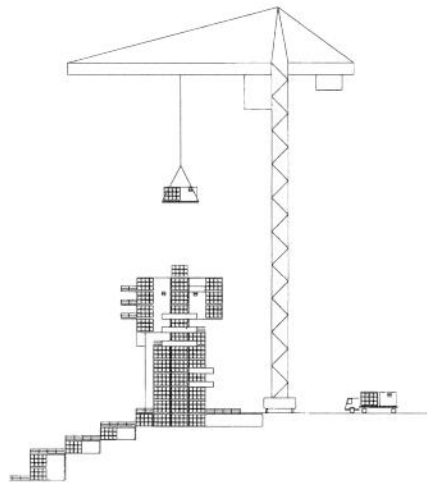

Système d'habitat industrialisé pour Hanssem, Corée, 1991
Richard Rogers Partnership

Chaîne de montage, coût réduit, habitat de haute qualité visent le marché asiatique en pleine expansion.

▲ Les travaux sur site se réduisent à assembler des unités préfabriquées.

◀ Maquette des unités assemblées en tour.
Eamonn O'Mahony

◀ *Page de gauche*
Après avoir choisi les composantes de son appartement, l'acheteur peut le visualiser instantanément sur l'écran de l'ordinateur.

Chaque appartement est fabriqué à partir d'un kit composé d'éléments interchangeables assemblés en usine.

Aménagement type des unités autour d'un ascenseur central.

Projet d'habitat d'urgence utilisant des tubes de carton fabriqués en série, Kobe, Japon
Shigeru Ban, architecte

▲ Chapelle en tubes de carton.
Hiroyuki Hirai

▶ Nul besoin de main-d'œuvre spécialisée pour assembler les composants de la structure légère. Il faut seulement six heures pour abriter une famille et ce logement résiste aux ouragans.
Hiroyuki Hirai

▶ Vue éclatée du logement : caisses de bière pour les fondations, sols en planches de bois, murs et structure en tubes de carton, toit de toile.
Hiroyuki Hirai

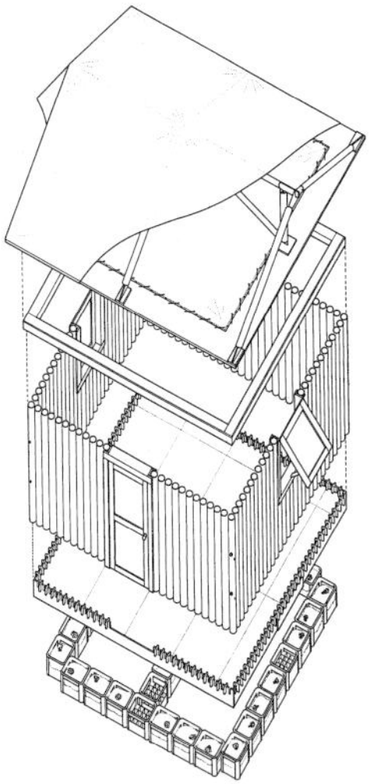

consommé, en 1985, l'équivalent de 250 milliards de dollars en énergie. Le défi, pour les architectes, est donc de mettre au point des bâtiments qui intègrent les technologies durables et réduisent ainsi la pollution et les coûts de fonctionnement. Les trois quarts de la dépense quotidienne des bâtiments en énergie sont occasionnés, dans des proportions plus ou moins égales, par l'éclairage, le chauffage et le refroidissement artificiels ; mais toutes ces fonctions sont aujourd'hui révolutionnées par les nouvelles technologies et les nouvelles pratiques. L'innovation est en cours, qui peut réduire radicalement les coûts de fonctionnement à long terme et la pollution produite par les bâtiments.

L'îlot type de bureaux, imaginé à une époque où l'utilisation libérale d'une énergie bon marché était la réponse aux standards modernes des conditions de travail, acceptée par tous, a été conçu pour créer un environnement interne hermétique qui fonctionnait en dépit de – plutôt qu'en accord avec – l'environnement naturel. Cette approche « haute énergie » a entraîné la création de bâtiments aux coupes profondes et aux environnements internes fortement artificiels. L'occupation dense de vastes étages, liée à l'utilisation intensive d'ordinateurs et d'autres machines, dégage une grande quantité de chaleur, ce qui nécessite de puissants équipements pour extraire l'air chaud et vicié et introduire de l'air frais, refroidi, filtré et humidifié. De plus, les fenêtres sont placées à une telle distance des bureaux que ceux qui y travaillent ont besoin d'éclairage d'un bout à l'autre de la journée. Il en résulte un environnement glouton en énergie qui isole l'individu de la nature, le déconnecte de la vie de la ville et pollue l'environnement.

Collaborer avec la nature

▶ Projet de recherche pour un habitat autonome. Aspen, Colorado, 1978. *Rogers Patscentre*

Modifier nos technologies et nos aspirations peut réduire profondément la consommation d'énergie d'un bâtiment – et en réduire de moitié la part d'énergie utilisée réduirait d'un quart la consomma-

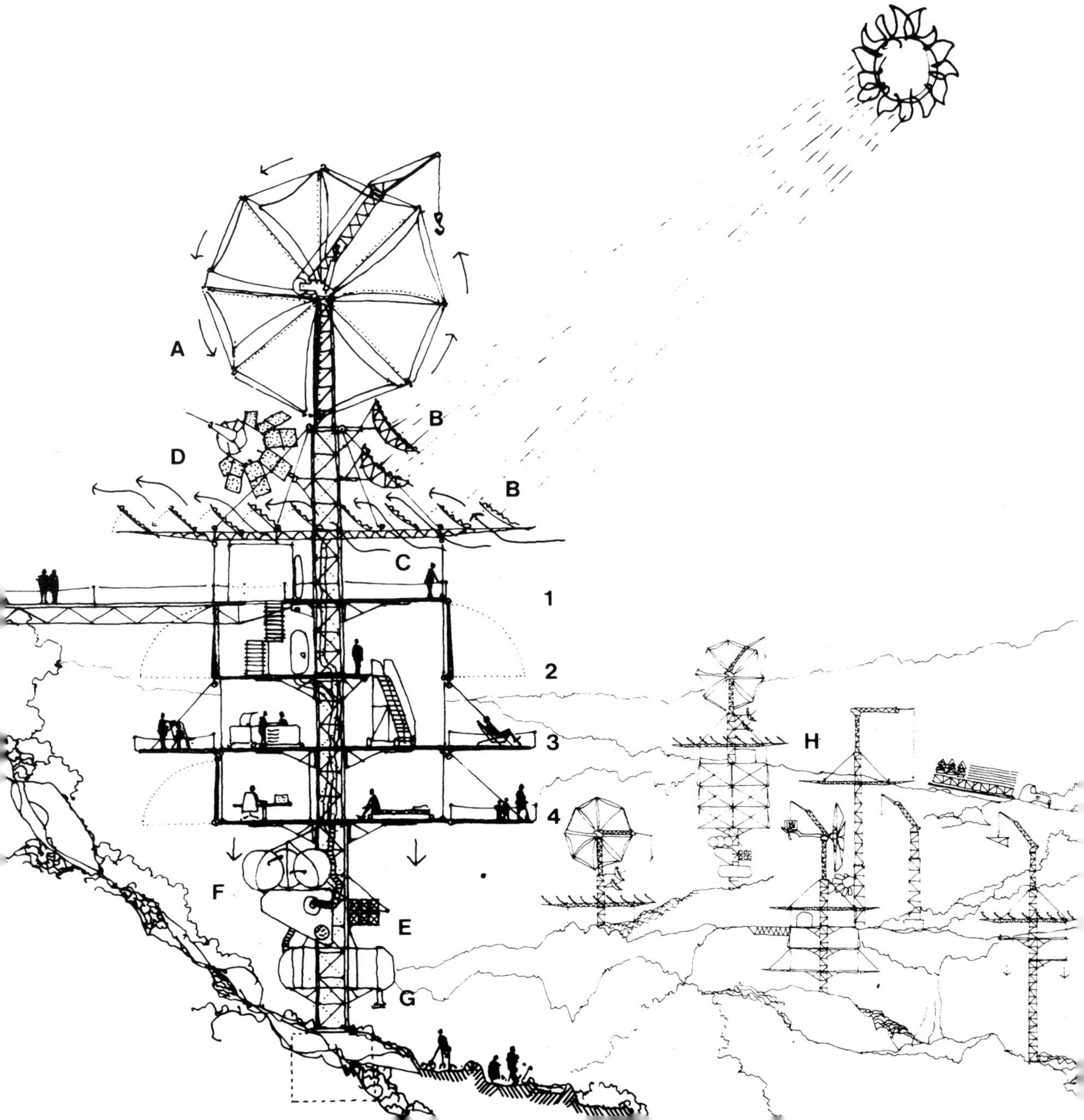
A
B
D
B
C
1
2
3
4
H
F
E
G

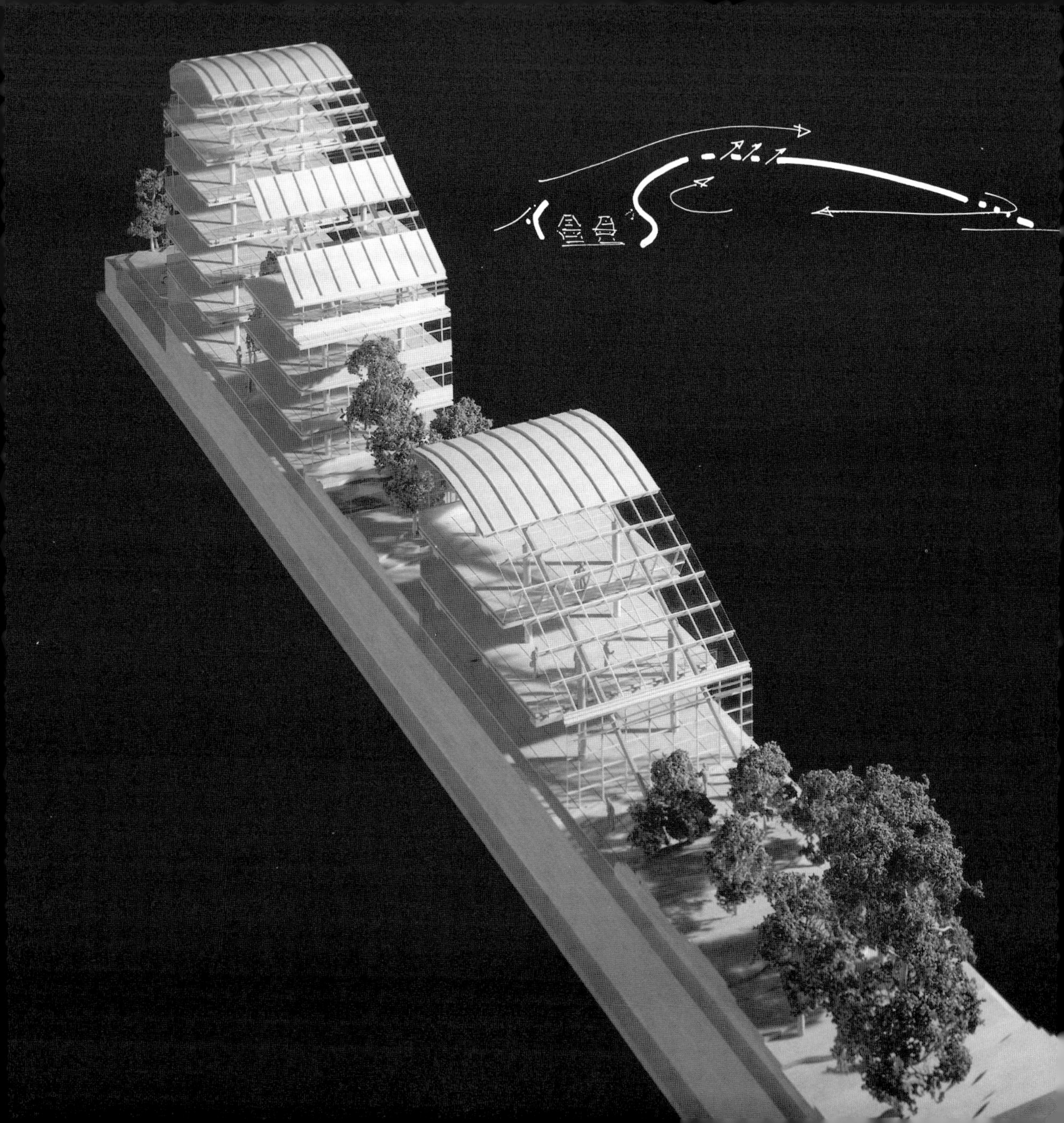

tion globale d'énergie. Dans la maison et dans des bâtiments anciens, par exemple, nous supportons aisément les variations saisonnières de température. Si, aujourd'hui, les usagers de bureaux, au lieu de revendiquer une température constante de 20° C tout au long de l'année, acceptaient de légères variations saisonnières, le bâtiment pourrait être ouvert sur l'environnement extérieur et sa dépendance vis-à-vis de la climatisation considérablement réduite. Ces pratiques réduiraient la consommation d'énergie tout en continuant d'offrir un environnement maîtrisé. Les architectes se reposent de moins en moins sur les solutions technologiques haute énergie « actives » et commencent à explorer les technologies « passives » qui utilisent l'énergie renouvelable domestiquée à partir de ressources naturelles comme les plantes, le vent, le soleil, la terre et l'eau.

Proposition pour un centre des impôts, 1992
Richard Rogers Partnership

◀ Le toit est profilé de façon que les vents dominants extraient l'air du bâtiment, réduisant ainsi le besoin de ventilation mécanique. Des clôtures paysagées filtrent et humidifient l'air frais avant qu'il ne pénètre dans le bâtiment.
Eamonn O'Mahony

◀ Coupe montrant la circulation d'air en été.

Dans le dossier de concours pour un bâtiment du Trésor public à Nottingham, il était demandé un bâtiment peu consommateur d'énergie. Notre réponse fut de rechercher et d'étudier tous les moyens disponibles dans la nature pour produire un environnement tempéré sans avoir recours aux systèmes mécaniques et à la consommation massive d'énergie. Deux côtés du site étaient pollués et bruyants. Toutefois, les deux autres côtés étaient bordés par un canal paisible. Nous avons donc poussé le bâtiment en limite des rues et ouvert un petit jardin public le long du canal. Nous avons installé les services administratifs de base contre la route et niché les fonctions sociales et les services communs autour du nouveau jardin sur le canal. Le bâtiment administratif était protégé de la pollution et du bruit de la rue par un mur à double vitrage de 1 mètre de large dans lequel des fenêtres pouvaient être ouvertes pour la ventilation. Entre les deux bâtiments, nous avons créé une cour paysagée qui ressemblait plutôt à un petit ravin. Les deux rangées de bâtiments étaient reliées entre elles, à travers ce paysage en courbe

douce, par des passerelles vitrées. Cette cour n'étaient pas uniquement le point de mire des bâtiments, elle procurait également un microclimat qui climatisait l'air extérieur utilisé pour la ventilation. Un arbre absorbe le dioxyde de carbone, produit de l'oxygène, rejette 380 litres d'eau par jour et purifie l'air alentour. En été, il apporte de l'ombre, limite les pics de chaleur provoqués par le soleil et réduit l'éclat du soleil dans les bâtiments. Les arbres, avec l'eau, les buissons et les plantes, composent un paysage qui filtre la pollution, humidifie et rafraîchit l'air.

Nouveau centre culturel en Calédonie
Renzo Piano Building Workshop

▲ La circulation de l'air, dans des conditions de vents dominants, est testée en soufflerie.

◄ Renzo Piano construit un centre culturel en Nouvelle-Calédonie. Sa forme est conçue pour s'adapter aux conditions climatiques locales, chaleur et forte humidité. La succession de toits et les profils du bâtiment sont conçus pour ombrager, refroidir et assurer un flux constant de ventilation dans les espaces publics.
M. Denance

Les bâtiments plus minces permettent à un plus grand nombre de gens de disposer de fenêtres et réduisent le besoin d'éclairage artificiel. L'air qui pénètre par les fenêtres ouvrantes peut circuler sans l'aide de ventilateurs mécaniques si l'on donne des formes aérodynamiques aux plafonds et aux toits et si l'on connecte les étages à un espace plus vaste ou à un atrium : à mesure que l'air de l'atrium se réchauffe, l'« effet de cheminée » attire l'air vers le haut, aspirant l'air vicié des espaces occupés. Les bâtiments conçus autour d'un atrium peuvent contenir de vastes niveaux, permettre de bons contacts visuels entre les gens et offrir une ventilation saine. Le toit peut être profilé pour réagir aux vents dominants et, dans certains cas, les piéger. Sous certains climats et dans certaines conditions, cela peut accroître l'aspiration de l'air hors du bâtiment et offrir un environnement confortable sans faire appel à des systèmes de refroidissement mécaniques consommateurs d'énergie.

Le palais de justice que nous concevons aujourd'hui dans le centre-ville de Bordeaux applique des principes semblables de ventilation naturelle sous un climat européen chaud. La nécessité de faire circuler de l'air frais dans les salles d'audience a influé sur leur forme. Celles-ci ressemblent à des séchoirs et fonctionnent comme tels : elles laissent pénétrer l'air par le bas, et la lumière, mais peu

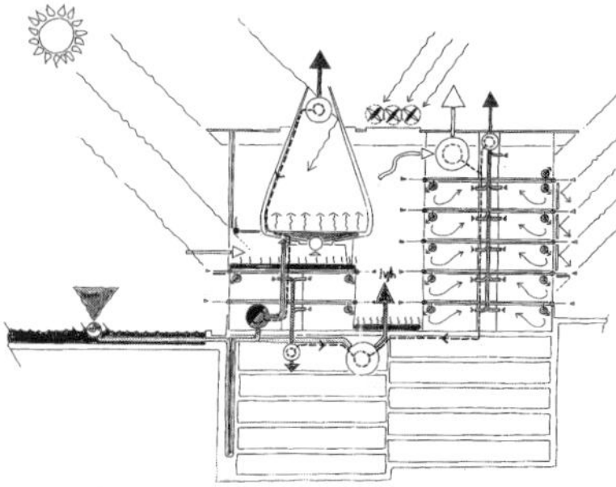

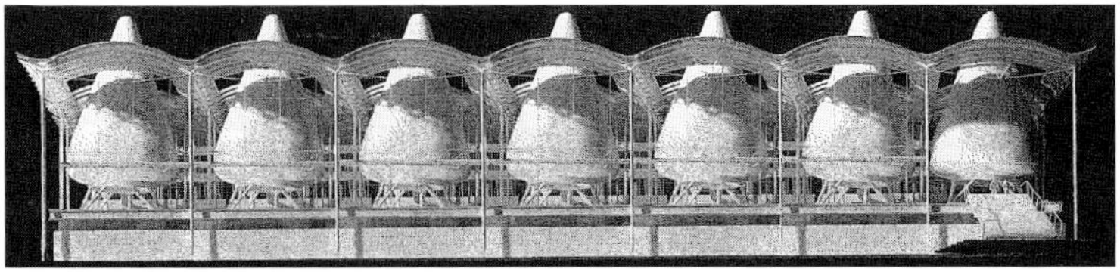

Cour de Justice, Bordeaux, 1992-1998
Richard Rogers Partnership

▲ Coupe montrant la circulation naturelle d'air à travers le bâtiment.

▲ Façade publique du tribunal : le hall vitré avec ses sept salles d'audience autonomes.
Eamonn O'Mahony

► La configuration des salles d'audience favorise la ventilation naturelle et capte la lumière du jour sans entraîner des niveaux de température insupportables.
Eamonn O'Mahony

de chaleur, par une lucarne, petite et efficace. La chaleur du soleil, en haut des salles, augmente l'effet de cheminée et produit un mouvement d'air suffisant pour se passer de ventilateurs mécaniques. Avant de pénétrer dans les salles, l'air file au-dessus d'un bassin extérieur qui le refroidit et l'humidifie. Le hall public sur lequel s'ouvrent les salles est ombragé tout en étant totalement vitré. Il surplombe le bassin et, au-delà, la grande cathédrale médiévale. Il attire l'air qui passe au-dessus du bassin, mais tire aussi de l'énergie fraîche grâce à de l'eau puisée dans une nappe à température constante et propulsée à travers des échangeurs de chaleur. Ce système de climatisation naturelle fait partie intégrante d'une composition architecturale qui offre des vues et des reflets à ceux qui sont à l'intérieur mais peuvent aussi être appréciés depuis l'extérieur.

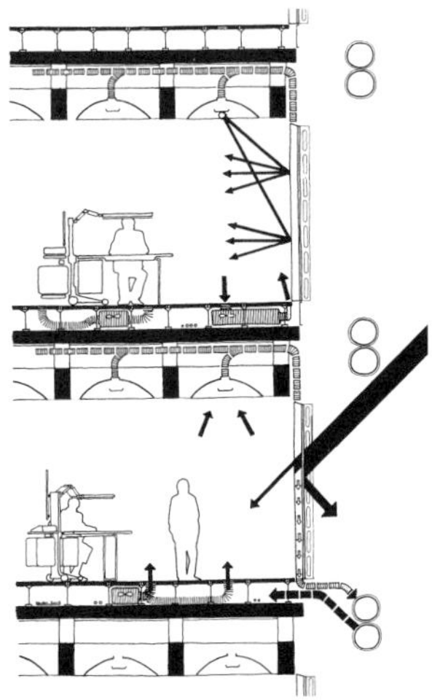

L'« énergie fraîche » de l'air nocturne peut également être stockée dans la structure interne d'un bâtiment. Le bâtiment de la Lloyd's de Londres, par exemple, dispose à la fois d'une triple peau vitrée pour l'isolation et d'un plafond de béton brut qui absorbe l'énergie fraîche de la nuit et la renvoie pendant la journée. Cette exploitation de la masse thermique d'un bâtiment réduit le besoin de refroidissement artificiel pendant l'utilisation diurne des locaux. Ces techniques ne sont que de simples réinterprétations de procédés utilisés depuis des milliers d'années. La façon dont un bâtiment s'expose au soleil est capitale pour le concevoir peu consommateur d'énergie. Les techniques basse énergie réduisent de moitié ou des trois quarts la consommation globale d'énergie d'un bâtiment. Heureusement, le climat tempéré de la Grande-Bretagne convient à ces techniques.

Le concept de double peau vitrée peut être élargi pour prendre le bâtiment tout entier dans une couche d'air, offrant ainsi une « cheminée » de verre englobant tout l'espace. Deux peaux de verre réduisent l'impact de la pollution et du bruit sur le bâtiment et

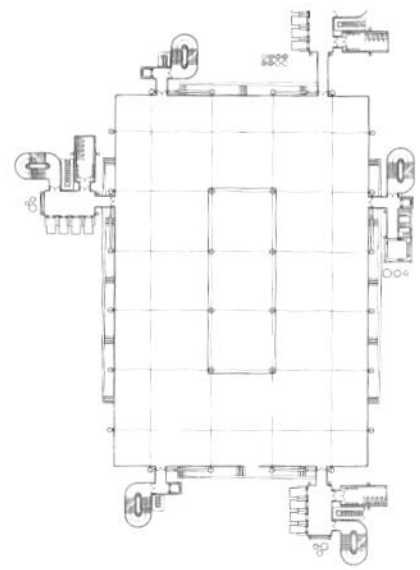

Le bâtiment de la Lloyd's à Londres
Richard Rogers Partnership

▲ Plan de la Lloyd's montrant la séparation des éléments de courte et longue durée facilement adaptables.

◀ Cœur de la Bourse, l'atrium est aussi le système d'extraction d'air vicié provenant des étages du négoce. La structure apparente en béton des colonnes, des solives et des plafonds fait partie intégrante du système de refroidissement : elle emmagasine la fraîcheur de la nuit et absorbe la chaleur le jour.
Alastair Cook

◀ *Page de gauche*
Le triple vitrage fournit au bâtiment une peau extrêmement isolante. La chaleur du soleil contenue dans l'épaisseur des fenêtres est captée et emmagasinée dans des réservoirs en sous-sol, ce qui évite de rafraîchir les bureaux. Des écrans translucides réduisent la chaleur solaire et créent un mur de lumière. Des panneaux ouvrants en verre transparent permettent à chaque occupant de contrôler son environnement.

La façade, extrêmement articulée, se compose d'éléments de structure et de maintenance.
Richard Bryant, Arcaid

permettent d'ouvrir les fenêtres, enchâssées dans la peau intérieure, sur le conduit d'air transparent. De là, l'air vicié est expulsé par l'effet de cheminée et par les vents dominants qui passent sur les surfaces extérieures du bâtiment. En été, le conduit d'air peut être ouvert pour augmenter l'aération et refouler le plus de chaleur possible. En hiver, le système est fermé pour augmenter l'isolation et piéger la chaleur.

Une voiture à énergie solaire est conçue pour transporter son conducteur aussi efficacement que possible en n'utilisant que de l'énergie renouvelable. Pour ce faire, elle doit réduire au minimum ses points de contact avec les éléments naturels. L'architecture, elle aussi, doit minimiser sa confrontation avec la nature. Pour cela, elle doit en respecter les lois. Les bâtiments peuvent être profilés pour réduire leur résistance à l'air et à ses turbulences. Plus les formes sont dessinées pour interagir avec les éléments naturels, plus l'architecture devient profilée et réactive.

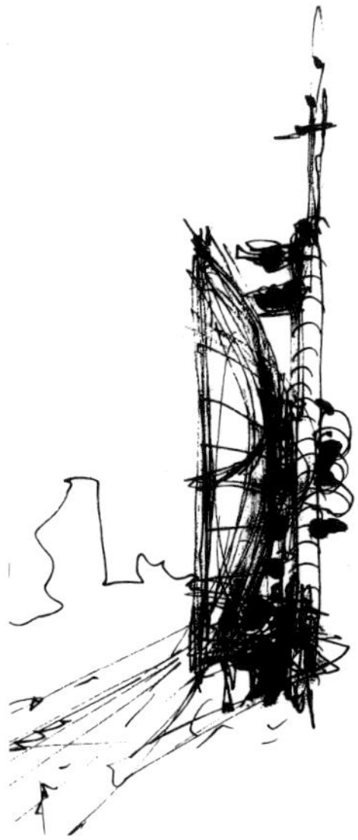

Projet de tour-turbine
Tokyo, Japon 1993
Richard Rogers Partnership

▲ Croquis conceptuel. Des turbines éoliennes, montées entre le bâtiment et la cage d'ascenseur, convertissent l'énergie du vent en électricité.

► Des tests en soufflerie pour la tour-turbine montrent que l'énergie est générée par les turbines quels que soient les vents dominants.

Dans un projet de recherche récent pour des bureaux à Tokyo, on nous a demandé d'explorer le concept d'autosuffisance énergétique. Nous avons commencé par réduire au minimum les besoins énergétiques du bâtiment. Tous les espaces bénéficiaient de la lumière naturelle. Les espaces encaissés et les sous-sols, qui avaient besoin d'un éclairage supplémentaire, utilisaient une lumière du jour concentrée, canalisée et renvoyée à travers des fibres optiques. L'eau des nappes circulait pour rafraîchir la structure du bâtiment. La façade sud était recouverte de vitres électroniques, translucides lorsque le soleil brille – détournant la lumière directe – et transparentes quand le temps est couvert. Les programmes informatiques que nous avons utilisés afin de modéliser le flux de l'air à travers et autour du bâtiment avaient été développés pour les industries aéronautique et automobile. Ils nous ont permis

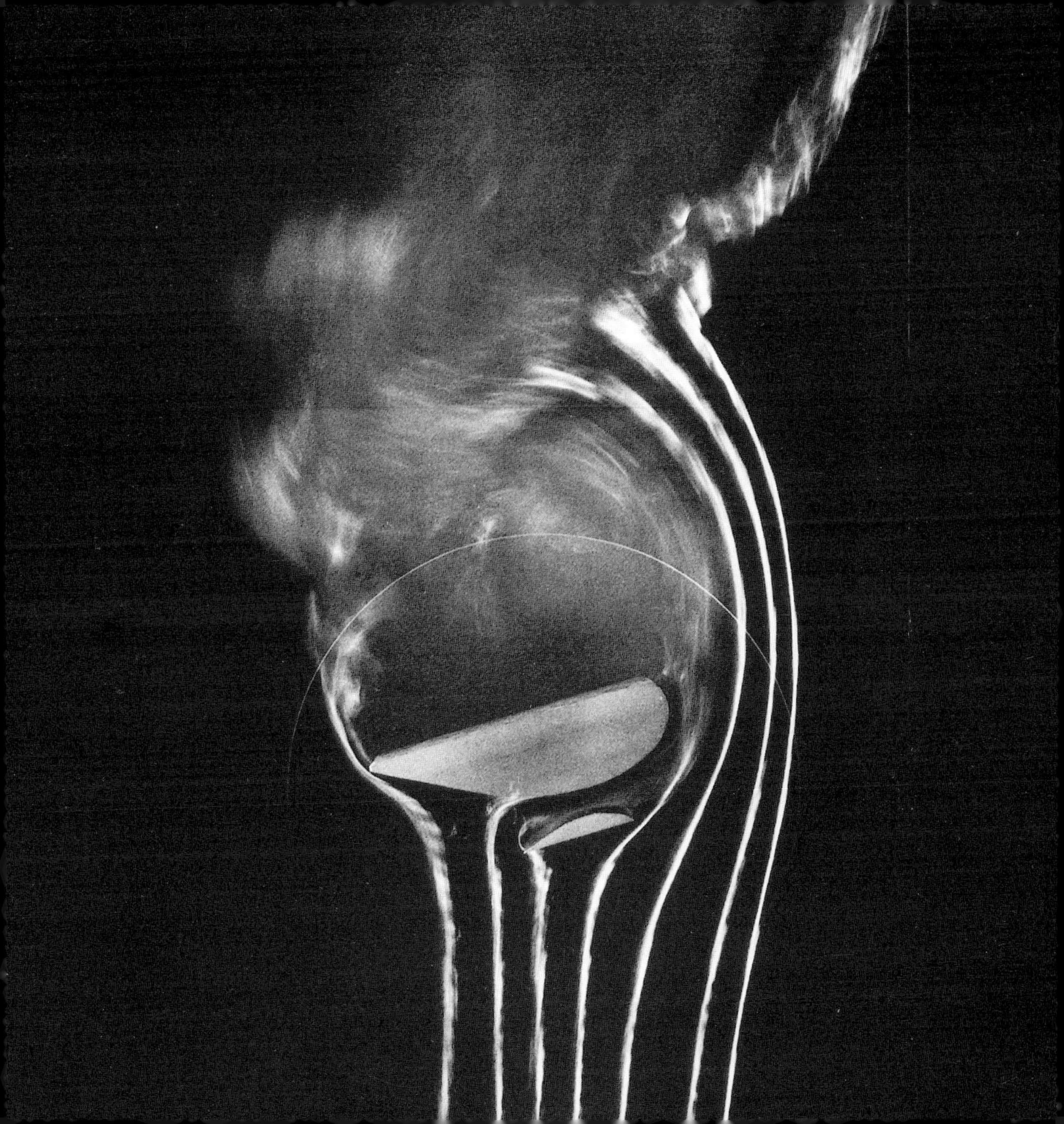

de tester les façons d'utiliser les vents dominants pour améliorer l'extraction de l'air hors de la tour du bâtiment. En approfondissant la question, nous avons ensuite exploré la possibilité d'ajuster la forme du bâtiment pour que le vent passe plus vite sur sa surface. Cela nous a amenés à appliquer le principe qui crée l'effet de « portance » sur les ailes d'un avion. La forme du bâtiment accélérait les vents dominants à travers des turbines situées entre le bâtiment et sa tour adjacente. Ces turbines transformaient l'énergie produite par le vent en électricité – électricité utilisée pour alimenter le bâtiment pendant la journée, et le réseau national la nuit. En mesurant l'énergie utilisée par le bâtiment sur une année, nos ingénieurs montrèrent qu'il atteignait son autosuffisance énergétique : il produisait autant d'énergie qu'il en consommait. Ici encore, la technologie informatique est une avancée qui a révolutionné le processus de conception des bâtiments basse énergie. Les programmes disponibles à ce jour permettent de produire des maquettes qui prévoient le mouvement de l'air, les niveaux d'éclairage et les augmentations de chaleur dans un bâtiment alors qu'il est encore sur la table à dessin. Cela accroît considérablement notre faculté à affiner les aspects de la conception architecturale qui peuvent utiliser l'environnement naturel afin de réduire sa consommation d'énergie. Les nouvelles technologies dotent aujourd'hui les bâtiments de « systèmes nerveux » électroniques hypersensibles, capables d'enregistrer les conditions intérieures comme extérieures et de répondre à des besoins spécifiques. De nouveaux matériaux existent qui peuvent passer de la haute à la faible isolation, de l'opaque au transparent, réagir organiquement à l'environnement et se transformer en fonction des cycles quotidiens et saisonniers.

Peaux sensibles

▲ Caméléon
Zoo de Londres

◄ Isolation, transparence et ombre varient selon les saisons, l'heure et les besoins.
Recherche expérimentale.
Mike Davies, architecte

Le futur est déjà là, mais son impact sur l'architecture commence seulement à se faire sentir. Travailler nos bâtiments pour qu'ils intègrent le cycle de la nature ramènera l'architecture à ses racines mêmes.

4 Londres : la ville humaniste

« Sans puissance ni indépendance les villes peuvent contenir de bons sujets, mais pas des citoyens actifs. »

Alexis de Tocqueville

4

Quatre siècles durant, Londres a compté parmi les plus puissants centres financiers, commerciaux et culturels au monde. Le legs de ce pouvoir et de cette prospérité est visible partout dans la ville : dans son architecture, ses parcs, ses places, ses musées et ses institutions publiques. Aujourd'hui encore, du point de vue de l'étendue et de la diversité de son activité économique et culturelle, Londres n'a qu'une seule rivale, New York. Mais depuis le début des années 1980, Londres a du mal à persuader, même ses propres habitants, qu'elle peut offrir un environnement sain, sécurisant et humain : contraste qui donne à réfléchir par rapport au Londres des années 1930 qui offrit l'asile politique à mes parents italiens et à beaucoup d'autres, et qui était universellement respectée pour sa courtoisie.

Londres fut la première ville à créer une administration municipale capable de coordonner la matrice complexe des services urbains modernes, des transports publics au logement, de l'eau à l'éducation, des parcs aux musées. Si Westminster fut la « Mère des Parlements », le London County Council (LCC) était reconnu du temps de mes parents comme l'autorité métropolitaine la plus progressiste du monde. Londres et ses bus à impériale rouges, ses forces de police et son réseau souterrain, pionnier du genre, ses écoles et ses logements sociaux montraient une ville fermement engagée dans la création d'un environnement humaniste.

▲ *Page précédente*
Smog à Londres

Londres, submergée par le smog pendant une grève des transports publics.
La ville est aujourd'hui régulièrement voilée par une pollution de l'air pire que celle qui existait avant que le Clean Air Act de 1956 n'interdise le chauffage au charbon à cause des célèbres brouillards londoniens.
Bryan Harris, The Independent

C'était un véritable exploit, si l'on considère qu'à peine cinquante ans plus tôt la capitale anglaise était la pire des villes taudis du monde industrialisé : surpeuplée, polluée et infestée de maladies, une ville où l'espérance de vie était de vingt-cinq ans à peine. En 1883, le pasteur Andrew Mearns donnait une description très édifiante des taudis de la Londres victorienne : « Vous avancez à tâtons dans des passages sombres et immondes, infestés de vermine. Puis, si la puanteur insoutenable ne vous a pas fait rebrousser chemin, vous pourrez peut-être pénétrer dans les tanières où ces milliers d'êtres vivent en troupeaux, souvent à deux familles dans une pièce. »

L'indignation publique, les campagnes de presse et l'irrépressible assurance victorienne propulsèrent la transformation de la ville, qui se fit à travers une législation sur l'urbanisme très inspirée et avec la création, en 1889, du LCC. Cette approche innovante de la gestion de l'environnement londonien s'est maintenue jusqu'en 1985, quand le gouvernement conservateur, plutôt que de tenter une réforme du Greater London Council (GLC), successeur du LCC, s'en débarrassa dans un acte de dépit politique. La fin du GLC signifiait que ses responsabilités, et par-dessus tout le plan stratégique d'ensemble pour Londres, furent ensuite partagées entre cinq administrations gouvernementales, trente-deux conseils municipaux, la City of London, et quelque soixante commissions et organisations quasi autonomes et non gouvernementales*.

Première capitale européenne moderne à avoir élu ses autorités dirigeantes, elle est maintenant la seule à en être dépourvue. Les Londoniens n'ont ni instance représentative élue, ni pouvoir direct dans les affaires de leur ville, ni moyen pour lutter contre le développement de la ville pour le seul profit. Londres continue d'être transformée par des politiques urbaines conçues pour donner du pouvoir au marché plutôt qu'aux citoyens. Sans coordination globale, la capitale ne parvient pas à sauvegarder la qualité de vie de ses citoyens et son système de transport public ; elle se montre même incapable de rivaliser avec d'autres villes britanniques pour accueillir des manifestations internationales. Londres a perdu son sens de l'unité, de l'orientation et de l'amour propre. Sans gouvernail et polluée, cette grande cité met son avenir en balance.

* NdT : En Grande-Bretagne on parle de « quango » : cet acronyme de *quasi-autonomous nongovernmental organization* désigne des organismes mis en place par le gouvernement britannique dans les années 1970 mais qui ne relèvent d'aucun ministère.
C'est le cas, par exemple, de l'Equal Opportunities Commission (commission pour l'égalité des chances) ou de la Race Relations Board (commission pour les relations interraciales). Certaines de ces organisations disposent d'un pouvoir de décision, d'autres ont un rôle purement consultatif.

Ailleurs, des autorités municipales se sont efforcées de conduire le changement en faveur des citoyens en investissant dans le futur, en renforçant le domaine public et en s'embarquant dans des programmes ambitieux de régénération urbaine. Elles ont investi dans le transport public dernier cri et dans de nouvelles institutions culturelles, et promu le développement de quartiers à usage mixte. De fait, à travers l'Europe, l'accent est mis sur le renouvellement de la culture urbaine et l'amélioration de la qualité de vie en ville.

L'attitude terne de Londres vis-à-vis de la planification de son futur provoque un puissant contraste. La ville continue à se développer sans participation ni vision directrice, et cette situation est aggravée par le fait que son administration municipale est en déroute. Prendre les rênes de sa destinée exigera une implication générale dans le débat sur son avenir. Une autorité élue, responsable devant les Londoniens, est indispensable : seule une telle institution pourra offrir un cadre administratif capable de mettre en œuvre un changement positif, et de permettre à tous les citoyens de contribuer au développement du plan stratégique d'ensemble pour l'avenir de leur ville.

La nouvelle autorité de Londres devra mettre à profit l'expérience passée. Une bonne part des tâches administratives quotidiennes doit rester entre les mains de chaque municipalité sous l'œil attentif de ses habitants, mais des décisions sur des questions aussi stratégiques que le transport métropolitain, le logement, le domaine public, la culture, l'éducation, les déchets et le recyclage, la pollution et les taxes doivent être prises par une institution élue, représentant l'ensemble des citoyens. Au final, il devrait y avoir une hiérarchie décisionnaire qui irait en progressant du citoyen au quartier, à l'« arrondissement », à la ville, à la région et, enfin, à l'échelle internationale.

Je propose de prendre Londres comme cas d'étude pour démontrer que la transformation des villes britanniques est possible. Londres est à un tournant de son histoire, et notre génération a l'occasion de la transformer en l'une des villes les plus habitables et les plus civilisées du monde.

Notre société ignore de manière scandaleuse l'impact positif que l'architecture et la conception des villes peuvent avoir sur notre vie. Nous devons opérer des changements profonds dans notre approche de l'environnement bâti et nous apprêter à légiférer pour qu'ils aient lieu. L'éducation est une composante importante pour remédier à cette situation, et un nouveau système de planification participatif, associant les habitants, est indispensable. Nous devons instaurer de nouvelles institutions où les différents intérêts impliqués dans la planification peuvent se rencontrer. Les Victoriens construisirent des bibliothèques pour s'attaquer à l'illettrisme, nous devons construire des centres d'architecture pour impliquer et informer les citoyens, les architectes, les urbanistes et les aménageurs sur la manière dont se conçoit la ville pour répondre aux besoins des générations futures.

Les centres d'architecture devraient être les lieux du débat public sur les plans stratégiques, les concours d'architecture et les demandes de permis en matière d'urbanisme. Ces centres exposeraient des maquettes de travail modulables du quartier où ils sont implantés et de son voisinage ; ils proposeraient des conférences, des expositions et des cours sur la ville, son architecture et son écologie. Les comités chargés de l'urbanisme devraient comprendre des citoyens et des spécialistes de tous les domaines du design urbain : il nous faut concentrer l'énergie de tous ceux pour lesquels l'environnement urbain est un enjeu afin qu'ils s'attaquent ensemble aux problèmes de la ville. Dans ces centres, les citoyens pourraient rencontrer les aménageurs, et le comité chargé de l'urbanisme, ses électeurs. En réalité, ils seraient des « mairies électroniques », à la fois forums multimédias et lieux de rencontres physiques, fournissant interaction et accès à un large champ d'informations – un moyen pour les citoyens d'apprendre et de s'assurer que les professionnels de l'aménagement œuvrent pour les besoins du public.

« S'apercevoir de la richesse inexploitée de connaissances et d'idées que recèle chaque citoyen est la clé pour résoudre les problèmes urbains. Capter cette richesse permet non seulement aux concepteurs de la ville d'explorer des approches nouvelles mais remplit aussi un objectif capital, celui d'assurer aux citoyens que leurs idées et leurs connaissances font partie intégrante de la solution. Cette approche va au-delà de la participation et de la consultation ; c'est une coopération, et la coopération réduit les tensions. » L'architecte Brian Anson sait de quoi il parle, il a été le héraut des droits des citoyens contre les promoteurs immobiliers à Covent Garden dans les années 1960.

Depuis les années 1980, le gouvernement central a effectivement exclu ce type d'approche participative et planifiée et favorisé une logique de marché, qui consiste à attendre que les aménageurs choisissent des sites et demandent des permis de construire. La loi du marché est le profit. Une telle logique tend à favoriser des sites hors la ville ou des champs en lisière de la ceinture verte, où le terrain est bon marché et où le retour sur investissement est rapide. Pendant le boom des années 1980, il était tout à fait courant que les sociétés d'exploitation cherchent à récupérer leur investissement dans un délai aussi court que quatre ans. De manière inévitable, beaucoup de permis de construire commerciaux ont été délivrés pour des complexes monofonctionnels tels que commerces,

Jablite
239
MOFFAT
SCOTLAND
DAF

logements, bureaux ou industries légères : des réalisations qui ne répondent qu'à une demande commerciale immédiate. Les espaces publics et les activités mixtes, les besoins à plus long terme des communautés sont ignorés et, par là même,, la chance de créer des quartiers vivants et des communautés durables.

Le réaménagement du quartier désaffecté des Docks sur l'Isle of Dogs illustre parfaitement les conséquences de la logique de marché : par une mesure interventionniste extraordinaire du gouvernement central, les autorités locales se virent retirer le contrôle de l'aménagement de ce site. À leur place, la London Docklands Development Corporation (LDDC) fut créée, les réglementations légales d'urbanisme suspendues et des incitations fiscales mises en place pour encourager le développement. Ce qui, sur le fond, se résuma à répondre uniquement à la demande du marché.

Développement commercial explosif

▲ Canary Wharf, Londres. Londres a gagné une importante concentration d'espaces tertiaires mais aurait pu gagner une communauté mixte prospère.
Edward Sykes, The Independent

◀ Planification du « laisser-faire » : bâtiments commerciaux, routes et espaces oubliés.
Peter Baistow

Il en résulte une surabondance de bureaux agglutinés et un mélange au petit bonheur d'aménagements commerciaux s'entremêlant à des grappes de logements : de l'aménagement à court terme, sans aucune réelle qualité civique ni bénéfice durable pour la communauté. Le gouvernement central dépensa indirectement tellement d'argent pour encourager cet aménagement que ce fut un fiasco, extrêmement coûteux pour le contribuable qui subventionnait les affaires mais n'avait pas son mot à dire sur la façon dont l'argent était dépensé. Le gouvernement accorda beaucoup d'allègements fiscaux aux entreprises et eut aussi à payer la part du lion quant aux coûts de l'infrastructure. Au lieu de gagner un nouveau quartier animé et humain, qui aurait trouvé sa place dans le vaste tissu de la métropole et enrichi les communautés plus pauvres dans son voisinage, les Londoniens ont récupéré un chaos d'immeubles commerciaux et la City a payé la note pour une des plus spectaculaires faillites des années 1990. Ironie du sort, pour le gouvernement, les banquiers et les Londoniens, car si l'Isle of Dogs avait été un mélange équilibré de bureaux, de logements, d'écoles, de boutiques et d'équipements sociaux, elle aurait été beaucoup moins touchée par l'effondrement du marché de bureaux.

Même dans les zones ou les règlements d'urbanisme ont été appliqués, le processus d'aménagement, pour ce qui est du citoyen, a été plus réactif que proactif. Directives urbanistiques floues, comités d'urbanisme imprévisibles et souvent mal informés, absence de consultation publique productive au cours du processus de conception conduisent souvent à des enquêtes publiques onéreuses et à des prises de décision au coup par coup par le secrétaire d'État. Le système de planification fut établi il y a plus de cinquante ans. C'est un processus lent, coûteux, et ses tentatives pour contrôler l'esthétique n'ont pas réussi à apporter le moindre avantage par rapport aux villes qui ont une approche moins directive.

Parallèlement à l'aménagement des constructions et des espaces publics, un plan stratégique global coordonne les politiques environnementales – politiques visant à alléger le « métabolisme » de Londres en réduisant sa consommation d'énergie et de ressources, en recyclant ses déchets, en réutilisant l'énergie dépensée, en diminuant la pollution de l'air, de la terre et de l'eau. En termes écologiques, Londres est une des villes d'Europe les moins durables. Un rapport récent, effectué par Herbert Girardet, professeur en aménagement de l'environnement à l'université du Middlessex, dresse la liste de la consommation massive de ressources de Londres, entre autres : en un an, l'équivalent de cent dix supertankers de pétrole ; 1,2 million de tonnes de bois ; 1,2 million de tonnes de métal ; 2 millions de tonnes de nourriture, de plastique et de papier ; 1 milliard de tonnes d'eau. En retour, sa production annuelle de déchets se compose de

15 millions de tonnes d'ordures, 7,5 millions de tonnes d'eaux-vannes et 60 millions de tonnes de dioxyde de carbone. Au total, alors que la ville ne couvre que 160 000 hectares, elle a besoin de presque 20 millions d'hectares pour s'approvisionner en ressources et absorber ses déchets. Herbert Girardet l'énonce clairement : « Bien que Londres n'héberge que 12 % de la population britannique, elle a besoin d'un espace équivalent à l'ensemble des terrains productifs du pays pour l'entretenir – ces espaces, elle les trouve aussi dans les prairies à blé du Kansas, les plantations de thé en Assam, les mines de cuivre de Zambie et autres espaces lointains. »

Comme toutes les grandes villes, Londres représente une menace pour l'écologie du globe. La réduction de la consommation, des déchets et de la pollution est capitale pour lutter contre la crise de l'environnement et fournit les bases d'une qualité de vie en ville saine et effective. On ne dira jamais assez l'importance de la mise en œuvre d'un plan stratégique global pour Londres, qui inclue les critères suivants : architecture, environnement, transports et social.

À court terme, Londres doit se consolider plutôt que s'étendre encore. Comme toutes les villes industrialisées du monde, celle-ci a perdu ses industries, ses docks ont été abandonnés, nombre de ses quartiers se sont effondrés et pourtant, pollution et embouteillages redoublent. Au cours des trente dernières années, le centre de Londres a perdu près d'un tiers de ses habitants et 20 % de ses emplois, plus que tout autre grande capitale d'Europe. Mais alors que le centre s'est vidé, la population à la périphérie de Londres a augmenté et s'est répandue de façon tentaculaire en un cercle toujours plus large. Londres, large de quelque 48 kilomètres en 1945, est maintenant ceinturée de banlieues qui s'étalent sur 320 kilomètres entre Cambridge et Southampton, soit la plus vaste et la plus complexe région urbanisée d'Europe.

Brian Anson a décrit la difficile situation de Londres : « Londres, comme tant de villes, possède un centre célèbre dans le monde entier, une couronne intérieure et une couronne extérieure qui s'étend jusqu'à la ceinture verte. Alors que le centre souffre de pollution et d'encombrements, c'est dans la couronne intérieure que les pauvres et les classes défavorisées sont piégés. Ils ne peuvent s'échapper vers la couronne extérieure et n'ont pas assez de moyens pour bénéficier des équipements du centre-ville. L'embourgeoisement du centre les a expulsés vers là où les services sociaux tels les hôpitaux, les écoles, les transports ont été réduits. C'est la poudrière de la ville. La plupart des plans d'aménagement récents ont été consacrés au centre-ville. C'est une gigantesque erreur et, peut-être, la recette du désastre. La théorie économique selon laquelle l'argent des plus riches finit par profiter aux plus démunis ne marche absolument pas. »

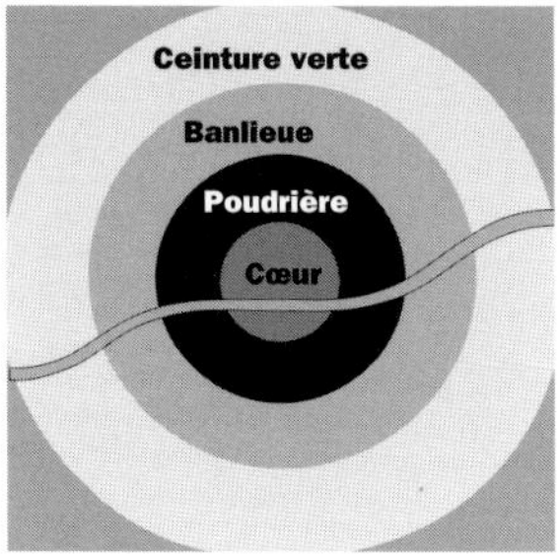

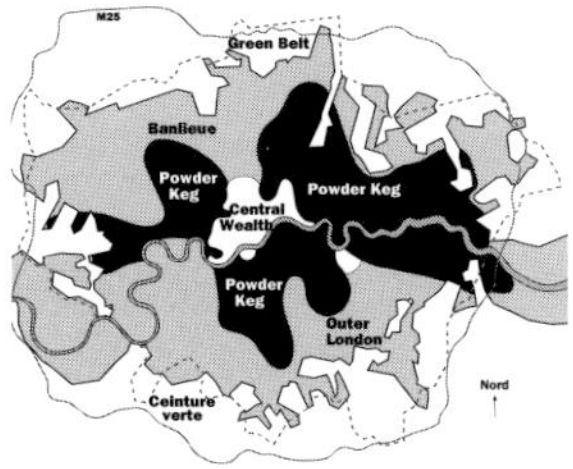

Plan de la composition sociale de Londres

▲ Schéma montrant la concentration de la pauvreté dans le cercle intérieur, entre le cœur historique et la banlieue qui s'étend.

▲ Londres abrite quatorze des vingt municipalités les plus pauvres d'Angleterre.

► Schéma montrant que le fait de cibler les projets de renouvellement urbain devrait améliorer la qualité de vie dans les zones défavorisées et faciliter leur intégration dans la ville.

Du fait du déploiement de la ville et du départ de ses industries, de fortes disparités de richesse sont apparues. En Grande-Bretagne, le fossé entre les riches et les pauvres est le plus large d'Europe : les plus riches, soit 1 % de la population, possèdent 18 % de la richesse nationale, situation qui entraîne à la fois désespoir et criminalité. Bien que Londres soit une des villes les plus riches au monde, elle abrite sept des dix municipalités les plus déshéritées du pays, la plupart à l'est de la ville ; 5 % du centre de la ville sont laissés à l'abandon : Wandsworth, Vauxhall, Greenwich, Shepherd's Bush, Lambeth, Hoxton, Waterloo et King's Cross. Ces friches désolées, souvent contaminées, sont un risque social tout autant qu'un fléau pour l'environnement. Elles sont laides et aliénantes pour ceux qui vivent à leur périphérie. Bien que le coût du remède soit dissuasif pour le redéveloppement dirigé par les lois du marché, ces municipalités offrent de magnifiques opportunités de croissance qui soutiendraient la durabilité future de la capitale.

Les projets de renouvellement urbain visent les zones de pauvreté

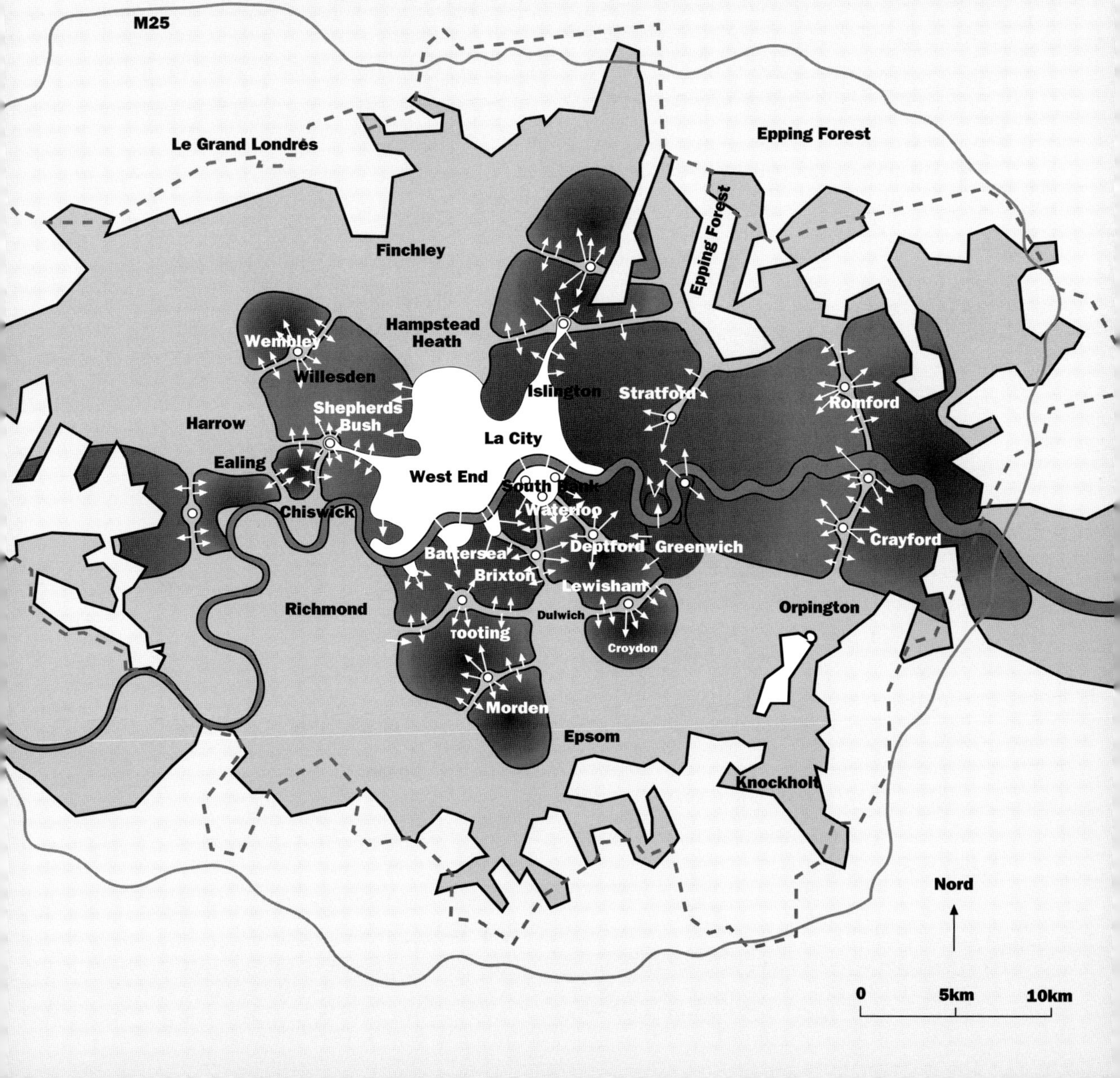

Historiquement, à la différence des villes closes de ses homologues européens, Londres a développé autour d'elle une multitude de centres, et reste un ensemble de villes et de villages distincts – de Hampstead à Westminster, de Notting Hill à Limehouse – chacun avec son caractère local propre, son identité visuelle et son histoire. Plutôt que de permettre l'étalement de Londres et de saper ce modèle polycentrique, nous devrions sérieusement renforcer ces quartiers en tant que noyaux compacts et durables.

John Gummer, secrétaire d'État à l'environnement de 1993 à 1997, fit adopter de nouvelles directives politiques radicales. Le Public Policy Guidance 13, notamment, impose une préférence stratégique pour la densification du centre et sa focalisation sur les sites déjà existants et souvent pollués avant d'autoriser le développement de sites plus éloignés en zone verte. Cette directive appelle aussi à la coordination du développement par les transports publics de façon à réduire le besoin de voiture individuelle. Ces politiques visent à contrer l'étalement de Londres et à consolider sa structure polycentrique de quartiers compacts. Elles représentent un profond changement dans l'urbanisme britannique et doivent être appliquées aux collectivités locales avec conviction et perspicacité.

Le long de la Tamise, de Woolwich, à l'est, jusqu'à Brentford, à l'ouest, Londres dispose de vastes zones industrielles à l'abandon qui pourraient aider à répondre à l'énorme demande de logements prévue dans la capitale. Ces docks et ces sites industriels fournissent à une nouvelle génération l'occasion unique de réinscrire le fleuve comme point de focalisation de la vie londonienne. Des architectes internationaux et des urbanistes de haut niveau devraient être invités à mettre au point des plans directeurs souples – comprenant des études d'impact environnemental –, couvrant les principales zones à l'abandon devant être réaménagées. Si, par exemple, les grands ensembles de sites vides bordant la Tamise étaient soumis à des études de plans directeurs souples, leur aménagement éventuel viendrait grossir le domaine public, que ce soit par des esplanades ou par une suite de parcs indépendants le long du fleuve ou, tout simplement, par de belles compositions de bâtiments et d'espaces publics. La cohérence et la beauté de l'ensemble seraient l'objet du plan, sans pour autant sacrifier la souplesse de tout développement ponctuel.

Les futurs architectes et aménageurs de sites individuels seraient guidés par les critères d'une stratégie globale, établie par le plan directeur et non par de ternes et génériques lignes directrices ou prescriptions restrictives d'une formule esthétique. C'est ainsi que les besoins publics à long terme peuvent diriger l'aménagement privé, sans nuire de manière excessive à l'autonomie de l'éventuel aménageur ou architecte. Il est de l'intérêt public d'instaurer une qualité à long terme dans la ville ; il est donc de la responsabilité publique de garantir un urbanisme cohérent. Planifier l'avenir de Londres nécessite une volonté gouvernementale, les services des meilleurs concepteurs et la participation active des citoyens.

L'est de Londres, qui abrite la plus grande concentration de pauvres et de délaissés, doit faire l'objet d'une attention particulière dans le plan stratégique. C'est ici que Londres sera étroitement reliée à l'Europe, grâce au réseau ferré international, et on ne dira jamais assez la portée commerciale de ce lien – on se souvient de l'effet que l'aéroport d'Heathrow a eu sur l'expansion de Londres vers l'ouest. La croissance vers l'est se fera inévitablement, il nous incombe de la gérer en fonction des besoins à long terme de la ville. Et quand Londres aura besoin de s'étendre encore, cela se fera dans de vastes ensembles urbanisés indépendants, connectés aux nouvelles liaisons des transports publics à grande vitesse.

Je suis convaincu que si l'on tire les bonnes leçons de l'expérience récente, Londres pourrait s'améliorer de façon radicale. Le modèle antisocial de la croissance au coup par coup, engendré par un développement tourné uniquement vers le profit, s'est montré inadapté aux besoins de la ville. Aménagement stratégique et études de plan de masse spécifiques sont la clé pour capitaliser la disponibilité de tant de sites à réaménager et parvenir à une renaissance concertée de la ville.

Peter Hall, professeur de design urbain à la London School of Economics, annonce des chiffres surprenants sur la demande en logements au sud-est de l'Angleterre : « Un peu moins de 7 millions d'entre nous vivent à Londres aujourd'hui ; 11,5 millions de plus vivent dans le sud-est, au-delà de la M25 : ce qui signifie que 18,5 millions de gens en tout vivent dans 7 millions de foyers séparés. Nous sommes maintenant confrontés à une explosion du besoin de nouveaux foyers : dans les vingt prochaines années, 1,64 million de plus dans le sud-est, soit une augmentation de 23 %. » Londres a désespérément besoin de logements de grande qualité et abordables pour répondre à cette demande.

En l'état, au cours d'une nuit type de l'année 1995, c'est plus de 2 000 personnes qui dormaient dans les rues de la capitale. Réquisitoire accablant : cette même année, la ville de Londres n'a construit que trois cents nouveaux logements. Aujourd'hui 120 000 personnes, y compris des familles avec enfants, vivent dans Londres sans la sécurité d'un domicile fixe ; ce qui équivaut à plus de la totalité de la population d'un « arrondissement » moyen de Londres. La politique du logement du gouvernement depuis les années 1980 a sapé la diversité des communautés et encouragé l'étalement de la ville.

Un cadre de développement durable appliqué à un ancien site industriel

Plan de masse de la péninsule de Greenwich, 1996
Richard Rogers Partnership

Maquette montrant une vue du réaménagement à long terme du site du Greenwich Millenium. Ancienne usine à gaz, la péninsule est en cours de réaménagement en quartier urbain durable et mixte.

En première phase, construction d'un cadre d'espaces publics, de déplacements et de transports publics qui facilite la tenue des célébrations nationales du Millenium et servira de fondations au nouveau quartier.

Les infrastructures comprennent : une station de métro souterraine ramenant le site à quinze minutes de Westminster, 20 hectares de parcs, squares et places, des écoles et des équipements de quartier, 2 kilomètres de promenade le long de la Tamise, des pistes cyclables, des rues et des services urbains.
Richard Davies

Le logement est une des clés de la consolidation des quartiers de notre ville. Pour satisfaire l'énorme demande et renforcer les communautés existantes, il faut réaménager les territoires à l'abandon et pollués pour produire des programmes denses, compacts et mixtes fondés autour des pôles de transport public. Si nous voulons renforcer nos communautés et grandir de manière durable, alors Londres doit créer des quartiers qui offrent une qualité de vie abordable et pleine d'humanité. À Londres, les nouveaux logements, même lorsqu'ils sont partiellement financés par le contribuable, sont construits par des promoteurs et des associations privés. Leurs réalisations sont conçues pour satisfaire la demande du consommateur plutôt que consolider les communautés. De fait, les projets denses comprenant des rues, des places et des parcs publics, qui mélangent boutiques, lieux de travail et écoles – modèles de la communauté durable – sont rejetés en faveur d'enclos qui entassent le plus grand nombre de maisons individuelles sur les sites. Cette approche ne fait que perpétuer l'étalement de faible densité écologiquement non durable de Londres. Les Britanniques persistent à considérer le « logement » comme une question sans lien avec aucune autre. Nous ignorons les avantages confirmés que présente le fait d'intégrer la politique du logement dans une stratégie urbaine globale.

Dans certains pays comme les Pays-Bas, le logement est reconnu comme un facteur majeur de la régénération urbaine. Il est conçu avec la participation des habitants et comprend expressément des équipements qui contribuent à la vitalité de l'ensemble de la communauté. Le logement social est construit par des associations de logement autonomes, coordonné par les autorités locales et intégré à des logements privés. Les locataires et les habitants d'origine participent d'un bout à l'autre au processus de production de nouveaux logements, depuis le choix de l'architecte jusqu'à la conception du projet.

À Londres, nombreuses sont les zones qui comportent des espaces inoccupés au-dessus de boutiques et dans les immeubles de bureaux non utilisés. Des organisations telles que LOTS (Living Over The Shop) affirment qu'au moins deux cent mille foyers fixes pourraient être offerts au-dessus des boutiques et des surfaces commerciales rien que dans le centre de Londres. Les 5,8 millions de mètres carrés de bureaux vides pourraient, en théorie, en offrir vingt mille de plus.

Londres doit aussi soulager le désespoir des centaines de milliers de gens plus pauvres piégés dans ses cités délabrées. Plus d'un quart de l'ensemble des familles vivant dans le centre résident dans des logements sociaux municipaux. Les cités types des années 1960 et 1970 sont « anti-ville » dans leur tracé et sont notoirement mal gérées. Elles ont isolé leurs occupants du reste de la communauté et en ont fait des laissés-pour-compte. En apprenant aux habitants à gérer leurs propres cités, des organismes tels que le National Tenants Resource Centre transforment le désespoir en espoir. Des cités comme Broadwater Farm, Clapton Park ou Hornsey, autrefois lieux de dégradation inacceptable, ont été transformées grâce à un partenariat entre les services du logement et les habitants soutenus par un savoir-faire et des ressources locales. Cette action de terrain doit être encouragée : elle devrait être subventionnée par le gouvernement central et tirer des enseignements des pratiques de qualité appliquées à l'étranger.

Ramener les habitants au centre de la ville est un objectif essentiel du développement durable, mais les stratégies qui encouragent l'habitat au centre des villes doivent être soutenues par des politiques visant à améliorer la qualité de l'air, la sécurité des rues, l'éducation et la mobilité dans la ville.

Le véhicule privé à moteur est une autre cause aggravante des maux dont souffre Londres. La pollution automobile contribue au fait qu'un enfant sur sept y est atteint d'asthme ou de problèmes respiratoires. Durant l'hiver 1994, les niveaux records de pollution ont été rendus responsables de cent cinquante-cinq décès en seulement quatre jours. Environ dix mille personnes meurent chaque année au Royaume-Uni des émanations des véhicules ; on dit que cette pollution acroît de 3,9 milliards de livres par an la facture médicale de la nation. Stephen Joseph, de Transport 2000, estime que l'industrie automobile est parvenue au même stade que l'industrie du tabac, il y a trente ans : « La dimension santé change maintenant la nature du débat. »

Mais le problème du véhicule à moteur n'est pas uniquement la pollution. La crainte de la circulation a un effet insidieux sur notre comportement et, cumulée à la qualité de l'air, elle est un facteur majeur dans la motivation des familles à quitter le centre des villes. Les parents répugnent à laisser leurs jeunes enfants traverser les rues tout seuls – une contrainte qui, effectivement, isole les enfants de leurs amis, les rend moins indépendants et retarde leur maturité. Ces vingt-cinq dernières années, le nombre d'enfants âgés de sept à huit ans allant seuls à l'école a chuté de 80 % à 9 %. La circulation et la pollution découragent aussi piétons et cyclistes. Aujourd'hui, seulement 9 % des enfants britanniques vont à l'école à vélo, alors qu'ils sont 83 % aux Pays-Bas. Et comme si la pollution et les encombrements eux-mêmes n'étaient pas assez graves, la Confederation of British Industry a calculé que rien qu'en 1995, les embouteillages ont coûté à Londres l'équivalent de 15 milliards de livres en perte d'énergie et de temps.

De plus, les politiques actuelles favorisent une augmentation plutôt qu'une diminution de l'utilisation de la voiture. La distance entre les

Piste cyclable

◄ Circuler à vélo dans Londres est risqué du fait des embouteillages et de la pollution. Les bus du système de transport londonien roulent au Diesel, ce qui n'arrange rien et contribue de manière significative à la piètre qualité de l'air des rues.
The Independent

magasins, le travail et le lieu de vie, et la détérioration des transports publics, ont fait de la voiture un moyen de transport indispensable. Les nouveaux supermarchés, parcs d'affaires, complexes résidentiels et centres commerciaux sont implantés loin de la communauté ; les grandes surfaces de vente au détail vident la grand-rue de ses commerces et de sa vie, et leur localisation en périphérie entraîne toujours plus de trafic.

En 1995, le ministère de l'Environnement a reconnu que la politique gouvernementale autorisant les centres commerciaux hors la ville avait mené à la ruine nos villes marchandes – un fait déjà prouvé quarante ans auparavant aux États-Unis. Mais les villes et villages de Londres ont tout autant souffert, leurs boutiques plus petites de la grand-rue estropiées à la fois par les loyers et les impôts locaux élevés, la pollution et les embouteillages. Certaines municipalités réagissent de leur côté en tentant d'améliorer l'environnement physique et la vitalité commerciale de leurs rues. Cette approche doit être soutenue par des incitations commerciales en faveur de ceux qui restent et aident à renforcer la communauté – en d'autres termes, mesures de discrimination positives. Cela ne signifie pas la régulation du commerce de détail, mais l'introduction d'un système de taxation favorisant les services qui soutiennent la plus large communauté.

Le gouvernement n'a pas réussi à s'attaquer au problème des voitures, même s'il reconnaît qu'elles sont la première source de pollution de l'air et que leur nombre va aller croissant. C'est atterrant : déjà deux tiers des trajets dans Londres s'effectuent en voiture, et les sources officielles prévoient une augmentation du trafic de 142 % au cours des vingt-cinq années à venir. Paradoxalement, à mesure que le nombre de trajets en voiture augmente, le nombre total d'individus circulant en bus ou en voiture

Le domaine public

Partie d'une série de dessins analytiques montrant l'état du domaine public de Londres.

La qualité de vie dans les quartiers est directement liée au nombre et à la qualité des interventions publiques : places, squares, parcs, loisirs, culture, commerces et transports publics.

► Chevauchement des zones de captage où chacun se trouve à dix minutes au maximum de la station de métro la plus proche. Les parties en noir indiquent l'absence de services.

Richard Rogers Partnership

1km/10 mn de marche
depuis la gare de banlieue
400m/5mn
du métro
0.5km
0.5km
1km

est en régression. Une comparaison avec le nombre de gens qui empruntent les grands axes le matin, aux heures de pointe, révèle une vertigineuse régression des utilisateurs de 404 000 en 1956 à 251 000 en 1996.

Et pourtant, ces dernières années, les principales initiatives touchant le transport public ont été mises de côté. Les priorités budgétaires du ministère des Transports l'illustrent à la perfection : 97 % de son budget ont été consacrés au transport routier et seulement 2 % aux chemins de fer. Comparez une carte du métro des années 1930 avec celle des années 1990 et vous verrez qu'elles sont pratiquement identiques : mise à part l'extension tardive de la Jubilee Line, la création de nouvelles lignes, comme la Chelsea ou le Crossrail, continue d'être différée ou simplement abandonnée. Peter Ford, président de la London Transport, a récemment annoncé que les coupes dans le budget de 1997 auront pour effet d'augmenter le déficit de 1,2 milliard de livres de 300 millions par an au cours des trois prochaines années. L'amélioration nécessaire des lignes Northern, District et Picadilly sera reportée et les projets de modernisation des stations d'Elephant & Castle, d'Oxford Circus ou de Notting Hill Gate seront tout simplement mis en sommeil.

De l'autre côté de la Manche, des villes aussi différentes que Naples, Strasbourg ou Athènes affrontent les encombrements et la pollution avec beaucoup plus de courage et de vision à long terme que Londres. Ici, bien que nous ayons cerné le problème avec précision, le gouvernement, de manière totalement inexplicable, s'est montré réticent à mettre en œuvre des solutions qui sont pourtant de notre compétence technologique et organisationnelle. Par exemple, les Londoniens qui achètent des voitures peu puissantes à pots catalytiques – ou, mieux encore, électriques – devraient bénéficier de dégrèvements fiscaux. La route à péage devrait être instaurée pour dissuader le trafic à travers la ville ; des études montrent que cela pourrait diminuer la circulation d'à peu près 30 %, mais uniquement si, en parallèle, on apportait des améliorations au transport public.

Les municipalités de Londres mènent de plus en plus la vie dure à l'automobiliste en ralentissant la circulation, en augmentant les interdictions de stationner et le prix des places de stationnement. La privatisation de l'application de ces méthodes a permis une importante augmentation des recettes provenant des amendes. La Ville de Westminster utilise cet argent pour financer l'amélioration du domaine public. Mais les politiques qui ne font que réduire l'utilisation des voitures privées, sans mener en même temps des actions pour perfectionner le transport public, augmentent tout simplement le coût de la mobilité et réduisent l'efficacité des Londoniens. Le gouvernement doit rendre la mobilité abordable : à Londres, un billet de transport en commun coûte 25 % de plus qu'à Paris et 50 % de plus qu'à Madrid. Le transport public gratuit pour tous les Londoniens, pourquoi pas ? Les services pourraient être en partie financés par une taxe métropolitaine prélevée sur les résidants et les employeurs (tout en continuant d'appliquer les subventions habituelles pour les citoyens âgés et les personnes sans emploi ou à faibles revenus). Les résidants et les travailleurs qui paieraient la taxe recevraient une carte de transport annuelle, alors que les visiteurs seraient tenus d'acheter des billets comme avant. Le transport en commun devenant effectivement gratuit pour tous les contribuables, circuler en voiture commencerait à être perçu comme un luxe. Cela découragerait les gens d'utiliser les routes. Déjà, les 24 % de baisse des tarifs du « Fare's Fair* », initié par le GLC en 1983, avaient augmenté de 16 % le nombre de kilomètres par passager dans les transports publics et réduit les navettes banlieue-ville. Limiter la circulation automobile permet aux bus d'être plus efficaces

* NdT : Jeu de mot sur *fair* signifiant à la fois « fête » et « juste » : « la fête du juste prix ».

et encourage l'utilisation du vélo. L'augmentation à court terme de la demande de moyens de transport pourrait être tempérée par l'achat de bus supplémentaires en attendant que les projets à long terme de transport public, tels que les trams, les réseaux ferrés légers et les lignes de métro souterraines, soient mis en service.

La conception de villes conviviales commence par les systèmes de transport intégrés. Londres a besoin d'une stratégie qui coordonne tous les systèmes de transport : du privé au public, du bateau-bus au tram et des nouvelles lignes de métro aux pistes cyclables. La viabilité du système dans son ensemble, comme de chacune de ses composantes, devrait être évaluée en termes écologiques et sociaux et pas seulement en termes de rentabilité. Circuler en voiture, aujourd'hui, ne coûte pas cher parce que ce mode de transport est subventionné par les contribuables. Les coûts indirects de la circulation automobile – construction et entretien des routes, subsides aux constructeurs automobiles, dégâts à long terme dus à la pollution, éclatement de la communauté locale, troubles de la santé – ne se retrouvent absolument pas dans le coût des voitures ni de l'essence.

Nous avons l'habitude de nous entendre dire que les dépenses à grande échelle pour le transport public sont injustifiées. Mais nombre d'économistes de toutes obédiences politiques rejettent cette idée. Une infrastructure de transports publics efficace servira la société pendant des décennies, voire des siècles. Son coût doit être mesuré à l'aune des bienfaits à long terme pour la ville, ses forces vives et ses familles. Un transport public de qualité permettra à Londres d'être plus compétitive et plus efficace dans son utilisation de l'énergie, et aux Londoniens d'être plus mobiles et en meilleure santé. Et il pourrait rendre notre ville plus conviviale et plus belle.

Des rues pour les gens

▲ Les manifestations anti-voitures « Reprenons les rues » attirent l'attention sur le rééquilibrage de l'utilisation des rues en faveur des piétons.
Adrian Fisk

► « Masse critique »
Le dernier vendredi de chaque mois, plus de mille cyclistes s'emparent de la rue dans le centre de Londres aux heures de pointe, bloquant totalement la circulation. Ils espèrent ainsi encourager l'utilisation du transport public ou du vélo pour se rendre au travail.
Adrian Fisk

AMY 612

La ville est d'abord, et avant tout, le lieu de rencontre des gens. Et pourtant, une grande part du domaine public de Londres, y compris la plupart de ses rues et de ses places, est aujourd'hui sous la coupe du véhicule à moteur : ce sont des lieux conçus pour répondre aux besoins de la circulation automobile et pollués visuellement par la signalisation. Des espaces aussi majestueux que Parliament Square, Piccadilly Circus, Trafalgar Square, Hyde Park Corner et Marble Arch ont tous été envahis par l'automobile. La situation est encore pire dans des centres tels que Hammersmith, Sheperd's Bush, Brixton, Dalston ou Elephant & Castle.

Mais le Londonien se réveille aujourd'hui en voyant les citoyens à travers toute l'Europe, de Stockholm à Copenhague, à Athènes et à Rome, revendiquer avec succès les espaces publics pour la communauté. Des maires inspirés ont redonné aux piétons les centres-villes et les ont réaménagés comme de vrais espaces publics. Nous aussi devons prendre des mesures radicales pour réaménager le domaine public de la ville.

Un report de l'investissement gouvernemental, du transport privé vers le transport public, offrira aux Londoniens l'occasion d'échanger les grands axes contre des espaces publics. L'expérience du « cercle de plastique » autour de la City est particulièrement encourageante. Comme mesure d'urgence prise pour lutter contre le terrorisme, la Corporation of London mit en place de sévères restrictions pour le trafic de transit – et prouva, par la même occasion, que la viabilité commerciale d'un centre-ville ne tient pas à son accessibilité en voiture. De plus, le dispositif a permis d'améliorer la qualité de l'air et a réduit à la fois les accidents de la route et la criminalité. En fait, il est tellement populaire auprès de ceux qui travaillent en ville qu'il est en ce moment même élargi et rendu permanent. C'est le premier véritable geste d'une autorité inspirée,

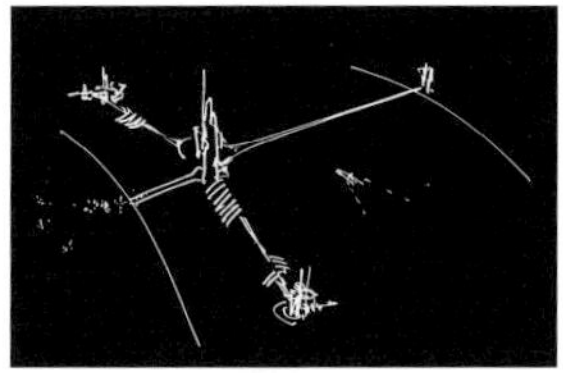

Londres telle qu'elle pourrait être, 1986
Richard Rogers Partnership

▲ Plan décrivant notre proposition de domaine piétonnier libéré des voitures.

▲ Esquisse du remplacement proposé pour le Hungerford Railway Bridge (pont ferroviaire).

► Vue aérienne de Londres montrant l'emplacement stratégique de la South Bank, face au cœur de l'East End. La proposition analysait la zone située le long et en travers de l'axe de la Tamise, élargissait le domaine public par de nouveaux cheminements et espaces piétonniers et tissait de nouvelles liaisons au-dessus du fleuve.
Aerofilms

Londres telle qu'elle pourrait être, 1986
Richard Rogers Partnership

▲ Esquisse de notre proposition pour rendre aux piétons l'Embankment devant Somerset House.

◀ Rendre aux piétons Embankment Road offre l'occasion d'inscrire les jardins historiques dans un parc linéaire de plus d'1,5 kilomètre, s'étirant de Westminster à Blackfriars Bridge.
Eamonn O'Mahony

▶ Proposition de remplacement de Hungerford Railway Bridge conçue pour mettre fin à la division entre les rives nord et sud. Une passerelle à travée unique, avec une navette suspendue au-dessous, relie le parc linéaire du North Embankment proposé au cœur du South Bank Centre, et anime la Tamise avec des restaurants et des équipements.
Richard Davies

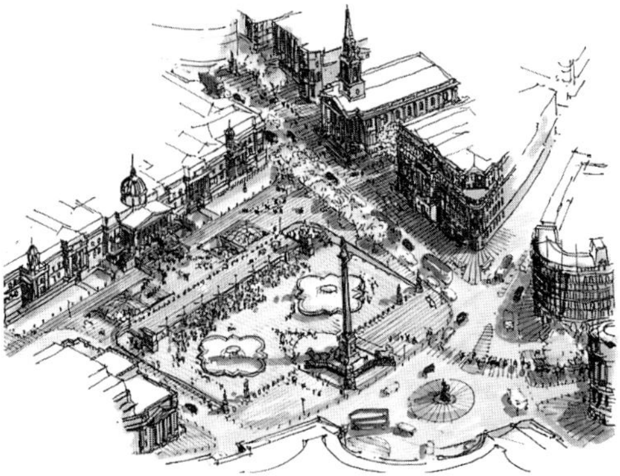

Londres telle qu'elle pourrait être, 1986
Richard Rogers Partnership

Lieux de rencontre

◀ Vue de Trafalgar Square rendu aux piétons montrant la circulation déviée vers le sud.

▼ Vue de la terrasse « récupérée » face à la National Gallery : un nouvel espace d'exposition de sculptures à ciel ouvert pour Londres.

arrachant le domaine public au contrôle centralisé du ministère des Transports. Imaginez ce qu'il se passerait si de semblables restrictions de circulation étaient appliquées dans d'autres quartiers importants de Londres.

En 1986, nous avons présenté des projets pour Trafalgar Square, l'Embankment et la liaison des berges nord et sud de la Tamise à hauteur de Hungerford Bridge dans notre exposition *Londres telle qu'elle pourrait être*. Ces projets montraient comment les espaces publics de cette zone centrale pouvaient être mis en valeur et entrelacés pour former un domaine piétonnier cohérent.

L'âme du projet tenait dans notre proposition de dévier la circulation sur l'Embankment, de façon à créer un nouveau parc en bordure du fleuve, qui s'étirait du Parlement à Blackfriars, où les piétons pouvaient jouir pleinement de la Tamise. La plus belle berge de Londres était unie à ses jardins parvenus à maturité, créant ainsi un parc linéaire décrivant une courbe majestueuse sur 2 kilomètres – le premier grand parc depuis le XIXe siècle. Le parc se déversait sur le fleuve : mouillage de bateaux, pontons et promenades sur caillebotis reliaient les nombreux monuments et sites de Londres, étendant ainsi le domaine public à la Tamise et créant de nouveaux points de vue. Ce projet est resté sur la table à dessin.

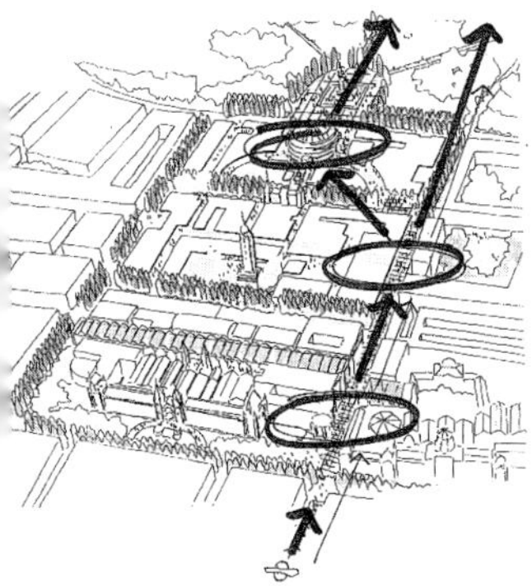

Albertopolis
Richard Rogers Partnership

▲ Propositions pour rendre Exhibition Road aux piétons et créer une avenue bordée d'arbres reliant Kensington au site du musée et, au-delà, au parc.

Trafalgar Square n'est aujourd'hui guère plus que le centre d'un rond-point : il déçoit les touristes et les Londoniens l'ignorent. Mais la place pourrait retrouver son importance civique en rendant aux piétons la route qui la coupe de la National Gallery. Ce pourrait être fait demain, il suffit de dévier la circulation en haut de Whitehall. L'ancienne route deviendrait ainsi une nouvelle esplanade pour les sculptures publiques et la place libérée reviendrait à la ville. Trafalgar Square pourrait être remodelé pour accueillir cafés et

Stationner ou jouer ?

◀ Rue résidentielle caractéristique envahie par les voitures. Rainville Road, Londres. *Emma England*

▼ Rue recouverte d'herbe pour une journée, Leeds. *Ross, Parry Agency*

activités sous des arcades nichées sous la terrasse existante. Les Londoniens retrouveraient alors un lieu de rencontre animé et un endroit pour jouir de vues extraordinaires sur les tourelles, les dômes et les tours de Whitehall et de Westminster Palace. Dix ans après que nous l'avons proposée, cette idée a finalement été reprise par le ministre de l'Environnement John Gummer qui a commandé une étude de la zone située entre Trafalgar Square et Parliament Square avec l'idée de la rendre piétonne.

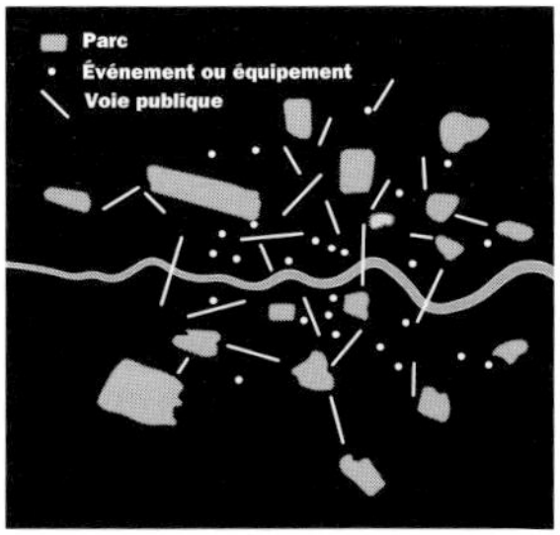

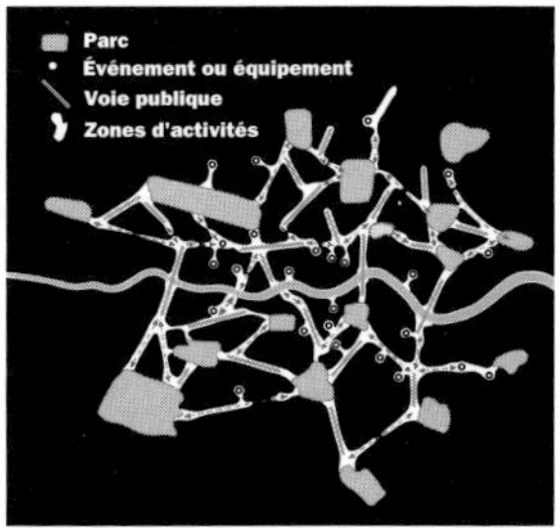

Relier, uniquement

▲ Tisser des rues piétonnes et des pistes cyclables entre les centres existants donne naissance à un domaine public cohérent qui encourage la marche et le vélo.
Richard Rogers Partnership

Nous devons radicaliser notre approche et continuer de défier la tradition. Les arcades du Mall, qui abritent entre autres bâtiments celui de l'Institut of Contemporary Arts et qui aujourd'hui sont coupées de l'espace pavé et généreux, devraient s'ouvrir sur St James' Park. Ainsi naîtrait une belle promenade animée entre Trafalgar Square et Buckingham Palace.

Albertopolis, dans South Kensington, est une des plus grandes collections de musées et d'universités dans le monde : le Royal College of Art, le Royal College of Music, le Natural History Museum, le Victoria & Albert Museum et le Science Museum. C'est le legs d'un prince visionnaire, mais il pâtit du manque d'un espace public et ne parvient donc pas à devenir le quartier culturel passionnant qu'il pourrait être. Son désordre actuel justifie la démolition des pires bâtiments pour créer un espace public cohérent. Un passage souterrain entre l'Albert Hall et l'Albert Memorial relierait Albertopolis à Kensington Gardens et offrirait un espace de rencontre naturel pour les milliers de visiteurs venus assister aux événements qui se tiennent dans l'Albert Hall. Cette liaison attirerait les gens depuis le parc vers les espaces d'expositions et de concerts qui occupent le site. Rendre Exhibition Road aux piétons permettrait l'extension de Hyde Park jusqu'au cœur du site des musées, en liaison directe avec la station de métro South

Kensington. Ainsi, ce qui est aujourd'hui une zone désaffectée en termes de vie publique pourrait devenir un quartier culturel animé, de jour comme de nuit.

Ces exemples ne portent que sur les centres célèbres de Londres, mais le même processus pourrait s'appliquer à des centres locaux tels que Sheperd's Bush, Brixton et Elephant & Castle. Dévier, enterrer ou rendre piétonnes les rues libérerait les espaces publics inutilisés dans tout Londres. Le plan de la ville révèle son extraordinaire héritage, composé de magnifiques espaces publics et de parcs locaux. Autour de ces éléments planifiés, on trouve des places informelles, non planifiées, mais tout aussi populaires. Aujourd'hui ces espaces sont isolés les uns des autres. Il nous faut les relier entre eux par des chemins piétonniers ou des pistes cyclables empruntant des rues plus calmes. Là où il n'existe aucun lien, nous pourrions utiliser les chemins de halage des canaux, ouvrir les places, paysager les voies ferrées abandonnées ou simplement ralentir la circulation et rendre les rues aux piétons. Il ne serait pas difficile, par exemple, de créer un réseau ininterrompu de pistes cyclables de Richmond Park à Greenwich et de Highgate à Clapton Common, avec de nouvelles passerelles au-dessus de la Tamise. On pourrait planter un million d'arbres pour célébrer le millénaire, inscrivant ainsi des « circuits verts » pour les piétons et les cyclistes à travers Londres. Non seulement les arbres embelliraient la ville mais ils réduiraient le bruit et absorberaient le dioxyde de carbone. Tous ces espaces – salons en plein air pour les communautés londoniennes – seraient rendus aux habitants et pourraient être obtenus en mettant en œuvre une série de projets locaux plutôt que de grandioses plans de masse imaginés par les Beaux-Arts.

Regardez n'importe quelle image satellite de la capitale : on ne voit que la Tamise. Historiquement, elle est l'origine même de Londres.

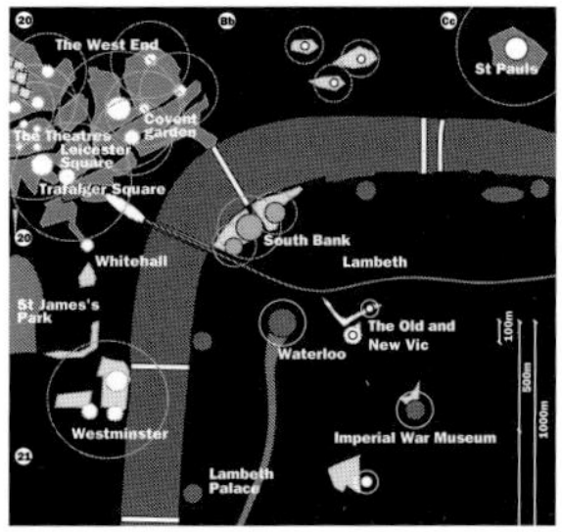

Étendre le domaine public

▲ Vue de la Tamise depuis Toward Bridge vers le West End.
Aerofilms

▲ Aujourd'hui : la Tamise, de Westminster Bridge à Tower Bridge ; zones d'activités publiques intenses.

► Demain : lorsque les nouveaux projets culturels financés par la Loterie nationale deviendront le fer de lance du développement d'un des plus innovants quartiers culturels d'Europe. L'aménagement de la South Bank revitalisera deux des municipalités les plus pauvres de Londres.
Richard Rogers Partnership

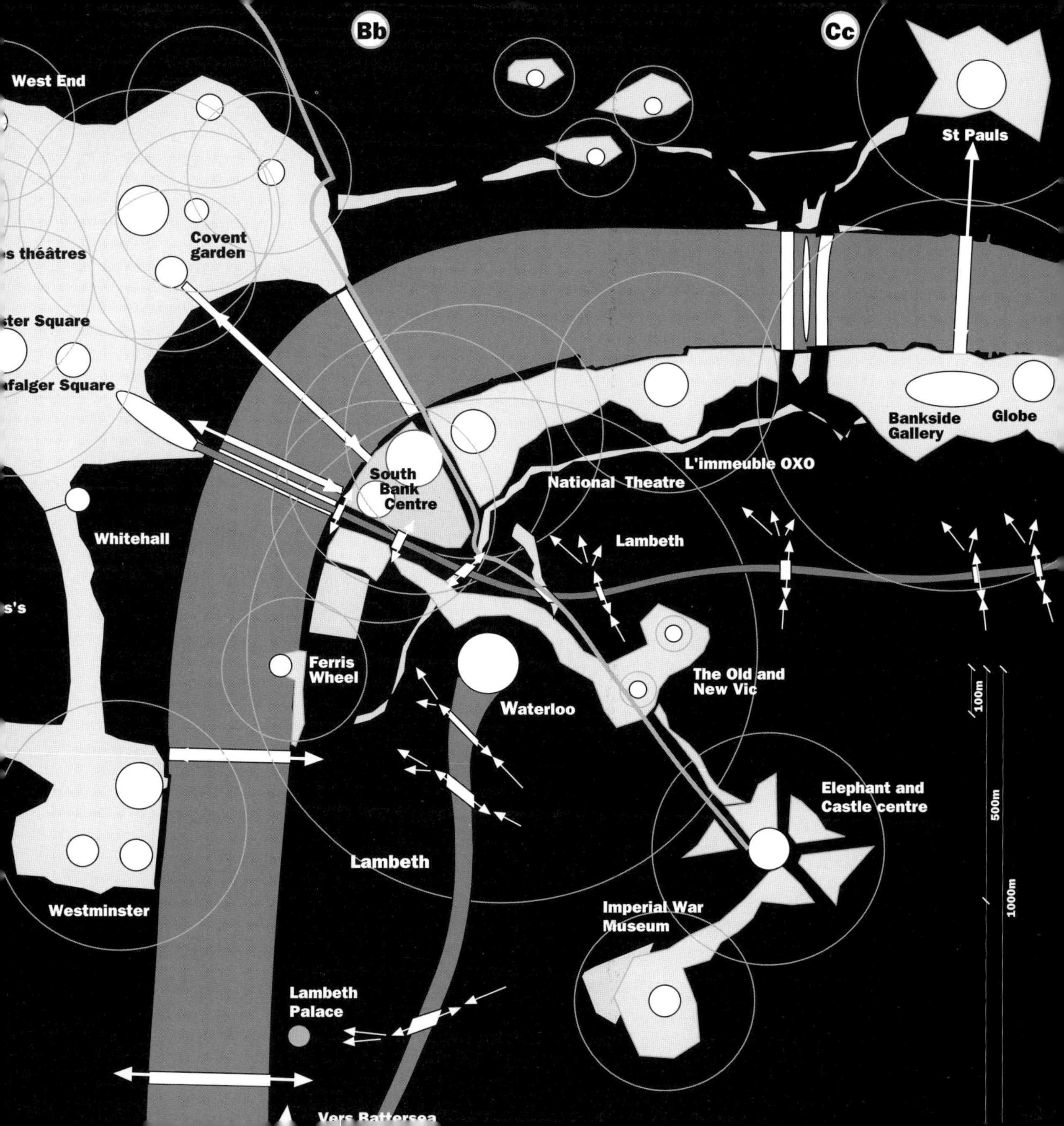

Bb
Cc
West End
s théâtres
Covent garden
ster Square
afalger Square
St Pauls
Bankside Gallery
Globe
L'immeuble OXO
South Bank Centre
National Theatre
Whitehall
Lambeth
s's
Ferris Wheel
Waterloo
The Old and New Vic
100m
500m
1000m
Elephant and Castle centre
Lambeth
Westminster
Imperial War Museum
Lambeth Palace
Vers Battersea

Autrefois grande voie commerciale florissante faisant battre le cœur de la cité, elle est aujourd'hui désertée, sa présence dans la ville est insignifiante. La Tamise, au bord de laquelle les plus grandes institutions politiques, religieuses, commerciales et culturelles ont grandi, n'est plus aujourd'hui qu'un élément de division séparant le sud de Londres, plus pauvre, du nord, plus prospère. C'est cette merveilleuse voie fluviale longeant dix-neuf des municipalités de Londres qui détient la clé pour redonner vie à l'esprit de la métropole. Si nous redéfinissons notre usage et notre perception du fleuve, il pourrait de nouveau relier les communautés.

La Tamise est un des fleuves les plus larges qui scindent une capitale, et sa largeur exacerbe cette division. Si Londres veut briser ce sentiment de séparation, elle doit construire des ponts. Le centre de Paris, par exemple, en a trois fois plus. Et pourtant, un pont à travée unique pour piétons et cyclistes, bien dessiné, ne coûte que 7 millions de livres. La City of London Corporation propose de construire une nouvelle passerelle pour relier St. Paul's à Bankside. Là où le flot de piétons a des chances de devenir important, on pourrait construire des ponts habités, à l'image de l'ancien London Bridge.

Nous avons aussi besoin de voies piétonnes et de transports publics de toutes sortes pour relier les centres des municipalités au fleuve. Une nouvelle voie de tramway a été proposée, au-dessus de la Tamise, pour relier Waterloo Station à la nouvelle British Library. Les architectes Michael et Patti Hopkins ont proposé un téléphérique qui démarre de Covent Garden, passe au-dessus du parc linéaire décrit plus haut, et aboutit sur la South Bank. L'architecte William Alsop a proposé un nouveau bâtiment pour l'Institut of Contemporary Arts qui chevauche la rivière à Blackfriars.

Réaménagement de la South Bank
Richard Rogers Partnership

▲ Dessin sur ordinateur de notre proposition pour le Crystal Roof au-dessus de la Hayward Gallery, de la Purcell Room et du Queen Elisabeth Hall qui créera un lieu de rencontre couvert comprenant des cafés, des restaurants, des librairies et des galeries. Le toit de verre au-dessus du South Bank Centre améliore le climat, étend l'espace utilisable pour créer un endroit ouvert toute l'année et permet de tripler le nombre de visiteurs.
Hayes Davidson

► Esquisse conceptuelle, 1994.

Nous-mêmes proposons une voie reliant Trafalgar Square à Waterloo Station. La place, devenue piétonne, serait reliée à Northumberland Avenue semi-piétonne, et la Tamise traversée par un nouveau pont accueillant des restaurants et des cafés. Ce pont agirait comme une place : suspendu au-dessus de la Tamise, il offrirait les vues les plus spectaculaires sur Westminster Palace et briserait l'isolement de la rive sud à cet endroit.

Cette partie du fleuve, de Westminster Bridge à Tower Bridge, est l'exemple le plus flagrant d'opportunité non saisie. Sur ses rives, on trouve certains des bâtiments les plus célèbres et quelques-unes de nos institutions culturelles les plus importantes – des Houses of Parliament à la Tower of London, du Tower Bridge au Festival Hall et de Southwark Cathedral à Westminster Abbey. Elle est également à moins de 500 mètres de Covent Garden, de St. Paul's, du Strand, de l'Old Vic et de la superbe gare de l'Eurostar de Nicholas Grimshaw à Waterloo, et pourtant, nous n'associons que rarement ces lieux avec le fleuve. Cette partie de la Tamise, au cœur même de la capitale du pays, reste sous-utilisée, et c'est un vrai gachis.

Le manque de rues en bordure du fleuve et la disponibilité de sites pour des opérations de réaménagement font de la South Bank la zone idéale pour un futur quartier culturel animé qui pourrait régénérer les zones alentour. Une bonne part de cette South Bank subit en ce moment une transformation radicale : le nouveau Shakespeare Centre, la nouvelle Tate Modern à Bankside, de vastes projets dans Southwark, des programmes d'aménagements communautaires sur Coin Street, la roue Ferris pour le Millenium et un nouvel aquarium à County Hall.

Au cœur de la South Bank, sur la boucle de la Tamise, se trouve le plus grand centre culturel d'Europe qui comprend des salles de concert, des musées et des cinémas. En 1995, notre agence a gagné le concours pour la revitalisation, l'extension des usages et la diversification des activités du centre, avec l'idée de doubler, si ce n'est plus, le nombre de visiteurs. Le projet se décompose en trois stratégies : tout d'abord, construire une grande canopée ondulante et transparente, s'étendant sur les bâtiments et sur les espaces publics existants ; deuxièmement, redonner au public tout le rez-de-chaussée aujourd'hui utilisé comme cour de service ; troisièmement, créer de nouveaux événements et de nouveaux équipements. Ensemble, ces éléments deviendront une destination culturelle qui vibrera vingt-quatre heures sur vingt-quatre et qui devrait attirer environ 3 millions de visiteurs. La structure vitrée accroît la température des espaces publics situés au-dessous : une augmentation de 3° C pourrait donner un climat semblable à celui de Bordeaux, faisant de cette étendue du fleuve un espace utilisable d'un bout à l'autre de l'année.

La Tamise doit à nouveau devenir le cœur de la capitale et un moyen de contact et de communication plutôt que de séparation. Une fois les centres d'activités le long de ses berges établis et prospères, la demande de déplacement d'un pôle de connection à l'autre suivra. Un système de bateau-bus coûte bien moins cher à construire qu'un système de transport conventionnel. Des appontements pour les bateaux-bus devraient être construits dans chacune des dix-neuf municipalités bordant la Tamise pour constituer un réseau cohérent d'appontements, de Kew à Greenwich. Ce devrait être de belles œuvres architecturales ; elles permettraient d'intégrer le système de bateau-bus dans le réseau de transport global et fonctionneraient aussi comme pôles commerciaux, renforçant ainsi l'activité économique et sociale de leur quartier. Ensemble, ponts et appontements des bateaux-bus pourraient devenir des aimants économiques et sociaux capitaux pour la vie de leur municipalité, capables de

Plan du Millenium de la Tamise

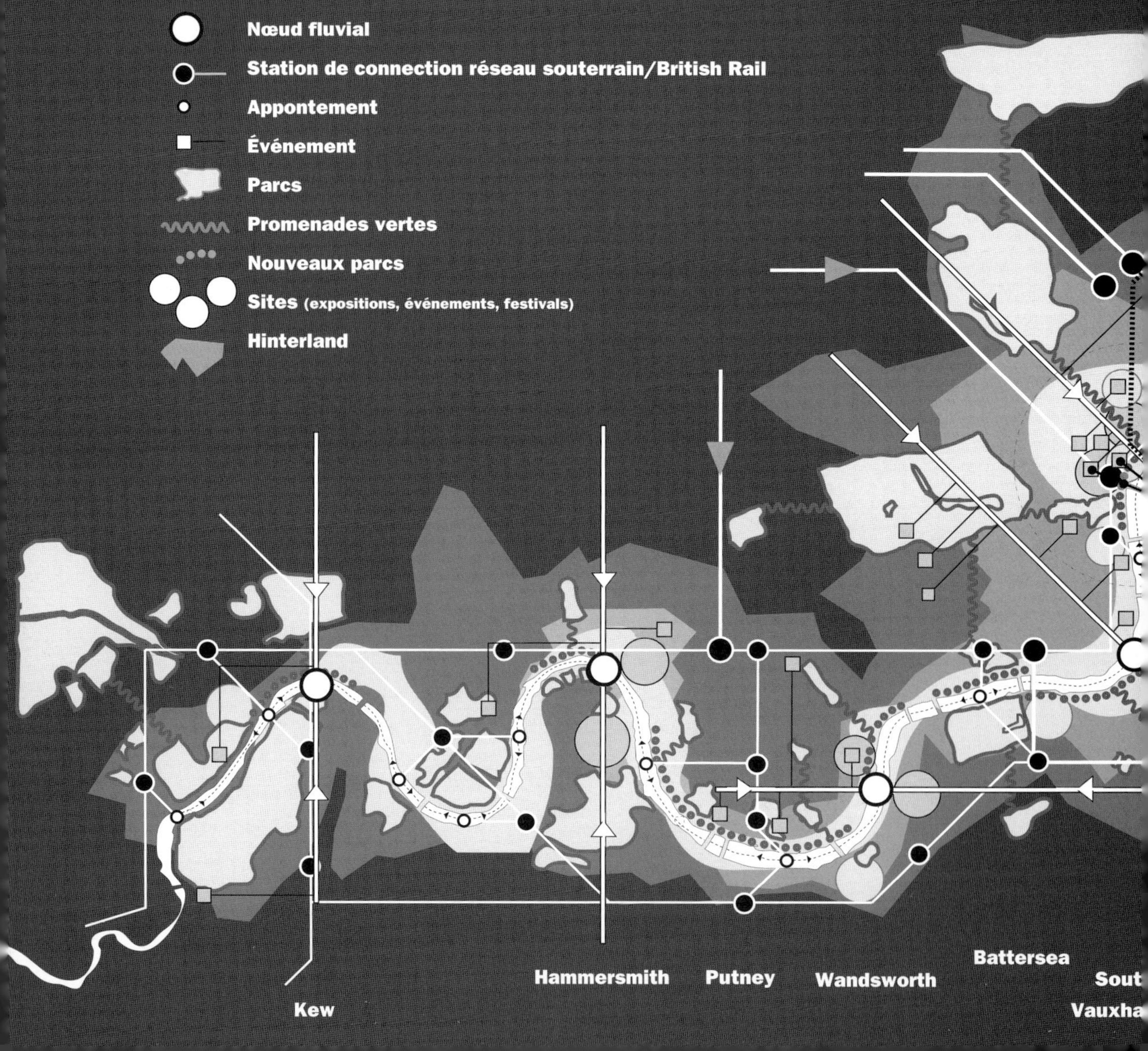

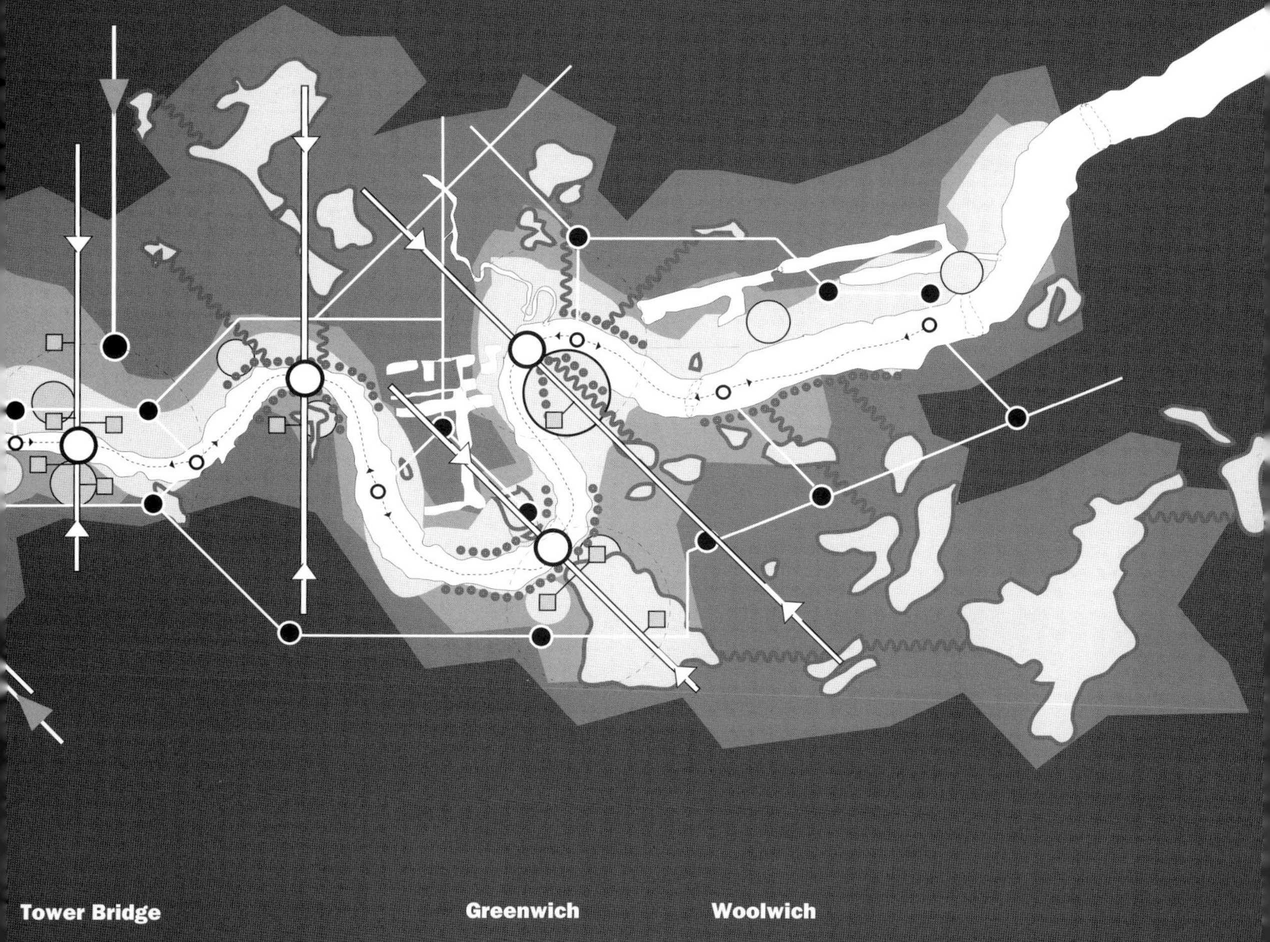
Tower Bridge
Greenwich
Woolwich

stimuler de nouveaux aménagements sur les nombreux sites abandonnés et, avec le temps, de créer une série de centres urbains compacts liés au fleuve.

Aucun des projets mentionnés plus haut n'est hors de notre portée, et ils pourraient tous se réaliser tôt ou tard, et le plus tôt sera le mieux – car le millénaire qui approche offre à Londres une occasion unique. Pour la première fois depuis des générations, nous avons la chance de générer une masse critique suffisante de projets architecturaux, de festivals, d'expositions et de célébrations pour réinscrire la Tamise dans la vie des Londoniens.

Les recettes de la Loterie nationale seront attribuées à la National Millenium Exhibition pour marquer le lancement, dans le temps et dans l'espace, du IIIe millénaire sur le méridien de Greenwich, et à des projets architecturaux à travers toute la capitale. Le défi consiste en ce que ces projets contribuent à donner une nouvelle vision à Londres, à rendre le tout plus grand que la somme de ses parties. Avec ses immenses ressources culturelles, politiques et sociales, Londres pourrait devenir la ville à visiter en l'an 2000. Elle devrait accueillir une célébration du millénaire qui durerait toute l'année, d'une qualité et d'une diversité sans rivales, et à travers la ville tout entière.

Si l'Exposition universelle de Séville, en 1992, a pu attirer 46 millions de visiteurs en huit mois, on peut s'attendre à ce que la célébration du millénaire de Londres en attire bien plus encore. Si nous embrassons cette idée, il nous faudra améliorer les transports publics de la ville et les voies piétonnes pour faire face au supplément de visiteurs. Les fonds de la Loterie nationale devraient être utilisés de manière stratégique pour mener cette transformation de la ville. La Tamise offre une voie expresse parfaite pour transporter les visiteurs

▲ *Page précédente*
Plan du Millenium de la Tamise
Richard Rogers Partnership

Recentrer Londres sur la Tamise permettra de régénérer les dix-neuf municipalités riveraines.

Plan montrant une accumulation de petits projets et d'initiatives pour rendre la rue aux piétons et qui pourraient recentrer Londres sur son grand fleuve, la Tamise. Des appontements pour les bateaux-bus reliés au réseau global de transport public constituent le cœur de nœuds fluviaux très développés. De ces appontements, des liaisons à travers la rivière, et pénétrant dans le hinterland, tissent ensemble la ville et la rivière.

Le transport fluvial pourrait devenir le système de transport principal pour un Festival du Millenium qui s'étendrait à travers toute la ville et se tiendrait dans ses principaux espaces publics, ses institutions culturelles et religieuses et sur le site principal de l'Exposition nationale à Greenwich. Cette approche créerait une masse critique suffisante de petits projets pour réinscrire la Tamise dans la vie des Londoniens.

d'un événement à un autre : un collier reliant toutes les activités le long de la rivière, avec des extensions vers les espaces publics au-delà. La National Millenium Exhibition à Greenwich pourrait servir de fermoir au collier.

Les bateaux-bus amèneraient le festival jusqu'aux municipalités de Londres les plus éloignées. Spécialement conçus pour la Tamise et équipés des dernières inventions technologiques pour fournir des informations dans toutes les langues, les bateaux-bus pourraient être des événements à part entière. Se rendre au festival signifierait tout simplement se rendre à l'appontement le plus proche de chez soi et choisir sa destination tout en navigant. En rendant les sites et les événements plus accessibles, les bateaux-bus pourraient éviter aux touristes les visites organisées ; le tourisme se trouverait ainsi redéfini, pour les Anglais comme pour les étrangers, et visiter Londres deviendrait une expérience bien plus interactive et personnelle.

Cette approche de la célébration du millénaire laisserait derrière elle un service de bateaux-bus efficace et des berges revitalisées avec des parcs, des promenades, des appontements, des restaurants flottants et des promenades sur planches. La Tamise rendue au public et la liaison des espaces publics de Londres seraient le legs physique des célébrations du millénaire de la ville – un domaine public prospère qui tisse ensemble nos places et nos monuments nationaux, passés et futurs.

Londres tient ici l'occasion de devenir une ville cultivée, équilibrée et durable. C'est maintenant aux Londoniens d'exiger une institution élue, stratégique, pour que la ville puisse livrer tout son potentiel.

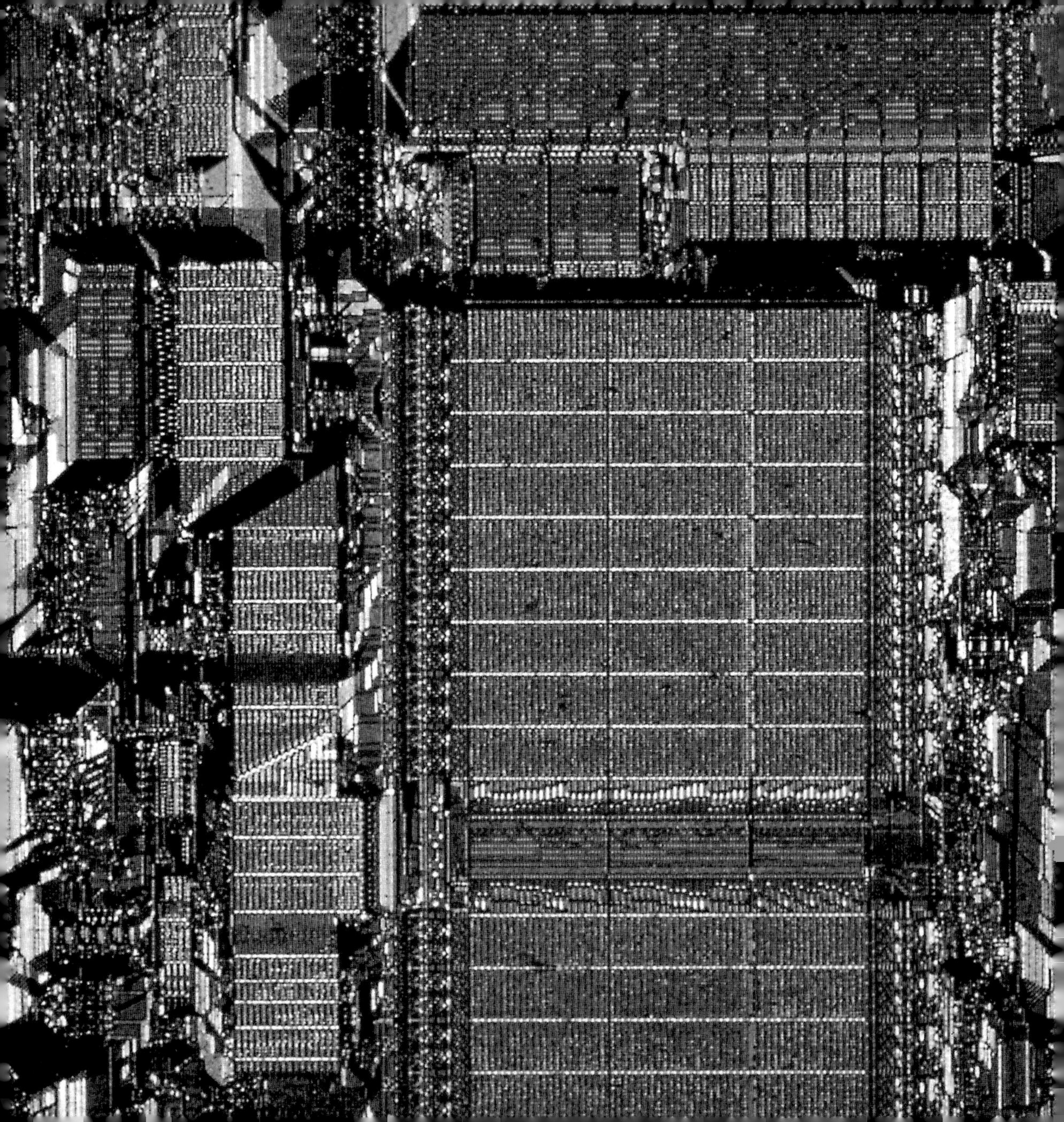

5 Des villes pour une petite planète

**« L'atome appartient au passé.
Le symbole de la science, pour le siècle à venir, est la Toile dynamique.
La Toile est l'archétype déployé pour représenter tout circuit, toute intelligence, toute interdépendance, toute chose économique, sociale et écologique, toute communication, toute démocratie, tout groupe, tout système étendu. »**

Kevin Kelly,
Hors Contrôle

5 La diffusion de la connaissance sur la crise globale a permis une prise de conscience, au niveau mondial, sur le fait que notre environnement est un atout fragile et limité. Tout comme les nouvelles connaissances techniques ont transformé le village agricole en société industrielle, les technologies de l'information, apportant avec elles une nouvelle connaissance de l'environnement, imposent la création d'une société mondiale – une société qui reconnaît la nécessité d'être extrêmement attentif aux conséquences environnementales et sociales de ses actes.

La microélectronique et le réseau d'information sont au cœur de cette transformation, et pas seulement parce qu'ils ont aidé à faire découvrir la perspective globale et fait naître de nouvelles technologies plus puissantes. Les technologies de la communication transforment notre économie, notre façon d'apprendre, nos méthodes de travail, notre capacité à modifier l'environnement et même nos tâches et nos plaisirs quotidiens ; indubitablement, elles remodèlent nos vies. Mais elles sont aussi à l'origine de nouveaux outils fondamentaux offerts à l'esprit humain.

▲
Page précédente
Cyber-City

Loin de devenir obsolètes, les villes sont les centres de concentration de vastes réseaux d'information numérique. Puce électronique. Circuit intégré.
Integrated Circuit
Erich Hartmann, Magnum

Les nouvelles technologies nous permettent d'étendre l'utilisation de cette ressource qui nous est inhérente et précieuse : l'imagination créatrice, ou le pouvoir du cerveau. Son utilisation accrue, voire prolifique, n'a ni limite ni effet secondaire ; elle est bonne pour les gens et l'environnement. La richesse industrielle reposait sur des matières solides telles que le charbon ou le fer, la richesse durable dont la société post-industrielle dépendra est la matière grise.

« C'est indéniable, nous ne disposons que de deux sources de richesse premières : ce que nous tirons de la terre elle-même et ce que nous produisons grâce à notre propre imagination créatrice. Si nous ne commençons pas à nous reposer davantage sur notre imagination que sur la terre, nous ne parviendrons pas à faire vivre une population mondiale croissante selon des normes un tant soit peu décentes, civilisées, et, de façon générale, comparables à travers le monde » (David Puttnam).

Dans ce contexte, la technologie tient un rôle souverain. La micro-électronique amène un changement d'étape dans notre capacité à mettre en réseau les gens, leur connaissance et leur intelligence – nous vivons une révolution sociale d'aussi grande portée que l'invention de la presse à imprimer de Caxton ou le télégraphe. Le potentiel du cerveau de chacun est sur le point de s'étendre de manière non quantifiable grâce au réseau de la pensée.

Mais le concept de réseau offre aussi des avantages à l'échelle macro. Il a le pouvoir de remplacer nos modèles exclusifs et linaires d'aménagement et d'analyse par d'autres modèles participatifs et multidimensionnels. Le Net offre une structure de possibilités simultanées. Élastique, évolutif et illimité, il est idéal pour une adaptation suprême. Comme tout système, il est global et, comme le dit Kevin Kelly, il renferme de petits défauts de façon à éviter les gros. Il permet le contrôle sans l'autorité. Il embrasse la complexité. J'espère vraiment que cette invention technologique jouera un rôle capital dans la modération de notre potentiel de destruction. Elle est l'outil qui offre la possibilité de créer une richesse infinie et durable. Nous sommes à l'aube d'une nouvelle interaction entre les individus, le savoir et l'environnement, et la ville globale est au cœur de ce nouvel ordre spatial et économique – la centrale d'énergie au centre de cette toile du savoir.

Dans cette ère technologique, les problèmes sont aussi nombreux que les opportunités. D'un point de vue positif, la robotique et l'électronique remplacent physiquement les modes de travail fatigants et répétitifs. Les conditions de travail se sont foncièrement améliorées et la semaine de 80 heures d'il y a cent ans a fait place aujourd'hui à la semaine de 37 heures. Dans un même temps, l'innovation médicale et la technologie ont plus que doublé l'espérance de vie, l'amenant à quatre-vingts ans, et on s'attend à ce qu'elle progresse encore. Les gens qui naissent aujourd'hui peuvent raisonnablement s'attendre à vivre au-delà de cent ans.

Pour la première fois depuis la révolution industrielle, ce n'est ni le travail ni la paternité ou la maternité qui prédominent dans l'activité humaine. Travailler et être parents sont plutôt devenus des « intermèdes » dans une longue vie. D'après les statistiques, le travail occupe maintenant moins d'un cinquième du temps de vie active d'un adulte qui, elle-même, n'occupe en moyenne que la moitié de la vie de chacun. Ce qui laisse en moyenne vingt ans pour la retraite. La période passée à « parenter » se résume aussi à un pourcentage dans la durée de vie totale. Ces tendances nous laissent, la plus grande partie du temps, sous-employés ou retraités – du temps disponible pour la vie privée et les loisirs.

Mais, alors que ces évolutions offrent de larges opportunités, elles entraînent aussi des défis et des coûts sociaux considérables – en premier lieu, le chômage. La robotisation ne remplace pas seulement le travail mais les travailleurs eux-mêmes. La vie sans travail peut sembler sans but, et vivre au sein de la société de consommation sans la richesse provenant du travail est incontestablement aliénant. Certains syndicats et sociétés (comme Volkswagen et Hewlett-Packard) s'efforcent de partager le peu de travail disponible en réduisant encore davantage la semaine de travail. De manière ironique, nous sommes passés de trop de travail à pas assez.

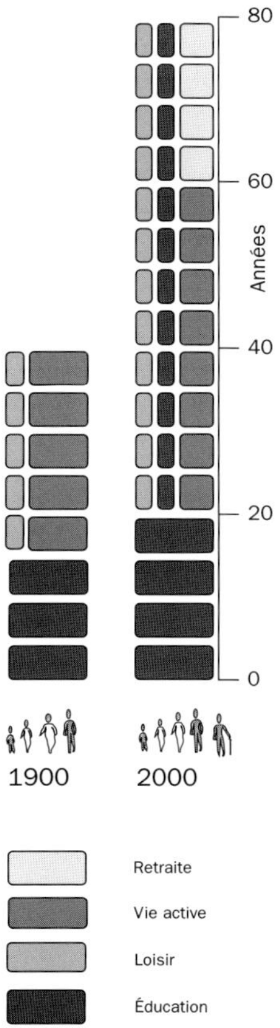

Modes de vie évolutifs

▲ À mesure que l'espérance de vie augmente, le temps consacré au travail et à l'éducation des enfants, en tant que préoccupation première de nos vies d'adultes, diminue en proportion. Ce qui nous laisse beaucoup de temps pour les activités non professionnelles, du temps pour être des citoyens créatifs.

De nos jours, la vie d'un individu se définit moins par la compétence, l'habileté ou la profession ; de même elle est moins déterminée par la religion et moins guidée par la communauté rapprochée. Dans beaucoup de pays, les jeunes sont confrontés à la perspective d'un chômage permanent dès qu'ils quittent l'école. Nous voyons le désespoir de ceux qui sont sans travail, ou sans moyens suffisants, se manifester à travers l'abus de drogue ou dans la colère qu'ils déchargent sur la société, en vandalisant des bâtiments ou en embrasant des cités. Les politiques y répondent par davantage de mots pieux sur le contrôle parental, et ne réfléchissent nullement aux causes des rebellions actuelles. Ils appellent à une plus grande discipline, à plus de sécurité, à de plus lourdes peines de prison, et semblent surpris quand les ex-prisonniers récidivent. Nous sommes confrontés à l'éclatement de notre société, à l'écroulement de nos communautés et de nos familles. Un environnement social instable voit le jour, et tout ce qui est proposé pour combler le vide dans la vie des gens, c'est la télévision.

Nous avons besoin d'innovations audacieuses si nous voulons résoudre la crise. Dans ce chapitre, je voudrais analyser comment le fait de modifier notre compréhension du rôle de la culture urbaine, de corriger nos principes économiques et nos appareils gouvernementaux pourrait nous mener à un futur durable. Et je spéculerai sur ce à quoi pourrait ressembler ce futur.

Nous n'avons jamais été si étroitement liés électroniquement et physiquement, pourtant nous n'avons jamais été aussi désunis socialement. La liberté individuelle a réduit notre interdépendance et par là même notre sens de l'intérêt général. Pour contrebalancer ces forces, il nous faut encourager et récompenser convenablement la participation à ces occupations qui étayent la société. Nous pourrions exploiter le potentiel de « temps libre » accordé par les nouvelles technologies en élargissant le concept de « travail » pour y introduire un plus large champ d'activités culturelles – travail en famille, conseils de citoyens, droits civils, organisations de jeunesse, préservation de la santé, environnement, arts et enseignement continu. Ce « travail » – forme de citoyenneté créative – aborderait les besoins sociaux négligés par la logique du marché et entretiendrait les qualités qui humanisent et inspirent la vie.

La « citoyenneté créative », c'est la participation en commun aux activités essentiellement créatrices. Elle stimulerait les communautés, comblerait le vide de beaucoup de vies aujourd'hui sans dessein, procurerait statut, satisfaction et identité, et s'attaquerait aux causes du manque d'harmonie et de l'aliénation de la société. Elle fournirait aussi les bases pour une force de travail créative et motivée : « Pensez la société comme un tabouret à trois pieds, le marché, le gouvernement et la société civile. Le premier pied engendre le capital marchand, le deuxième le capital public et le troisième le capital social » (Jeremy Rifkin, *The Environment of Work*).

À long terme, les avantages sociaux, environnementaux et économiques de ce type de travail civil transformeraient les modes de vie urbaine. Nous avons considéré le développement de nos villes comme relevant de la responsabilité des seuls secteurs public et privé. La ville post-industrielle demande à présent la participation de la société civile. Déployer l'énergie de ceux qui sont privés de travail, les compétences inutilisées des jeunes et l'expérience de l'âge pour s'attaquer aux problèmes ignorés par un secteur public en dépérissement et un secteur privé dirigé par le profit aboutira à remplacer pauvreté, dépendance et aliénation par équité, initiative et participation.

Les initiatives environnementales, l'éducation, la participation du public génèrent une richesse sociale. Si l'on commence à regarder ces activités comme un travail productif, émerge alors un concept de société créatrice. Dans une société créatrice, chaque citoyen au chômage devrait avoir droit à un emploi civil. La société dans son ensemble a tout à gagner d'une citoyenneté créatrice car elle apporte la richesse sociale.

La forme de la ville peut encourager une culture urbaine qui génère la citoyenneté. Il est indispensable de reconnaître l'importance de ce rôle. Pour moi, fondamentalement, la culture urbaine, c'est la participation. Elle se manifeste dans des activités qui ne peuvent prendre place que dans l'environnement dense et interactif des villes et des cités. Ces activités s'étendent de l'ordinaire à l'intellectuel, du quotidien à l'exceptionnel, du divertissement à la réflexion profonde. Que ce soit échanger des propos vifs dans des cafés ou assister à un concert de Birtwistle, ces activités définissent le caractère propre d'une ville, donnent son identité à la société urbaine, saisissent l'essence même de ses habitants et unissent la communauté. La culture est l'âme de cette société et la valeur qui lutte contre la répression. Elle différencie les individus dans cette époque de mondialisation et d'uniformité.

J'ai parlé de la capacité positive d'une ville à encourager cette riche interaction et de sa capacité nocive à l'étouffer. Le domaine public joue un rôle capital en encourageant la culture urbaine et la création de la citoyenneté. Par domaine public je n'entends pas seulement les grands espaces urbains comme la piazza San Marco à Venise ou la place Garibaldi à Mexico. Ces places ont des fonctions sociales et symboliques importantes, mais elles ne sont que le sommet hiérarchique d'espaces qui commencent par la rue, par le trajet domicile-école et commerces-lieu de travail. L'espace public sécurisé et inclusif sous toutes ses formes, grand ou intime, est crucial pour l'intégration et la cohésion sociales. La démocratie trouve son expression physique dans les espaces d'esprit ouvert du domaine public, dans la qualité de vie dans la rue. Cela se retrouve essentiellement dans la façon dont les bâtiments contiennent ou servent de toile de fond aux actes spontanés et chaotiques de la vie quotidienne. Nous sommes sans doute la première génération à lutter pour l'égalité des droits et nous devons donc relever le défi qui consiste à créer un domaine public véritablement inclusif et accessible à tous – nous devons persévérer dans nos tentatives à faire évoluer cette institution pour qu'elle reflète notre nouvelle époque.

Les droits de l'homme sont le fondement de la liberté de l'espace public. Sans eux, le domaine public n'est qu'une imposture – il suffit de penser aux événements de la place Tiananmen. La libre expression des droits du citoyen dans l'espace public fait naître l'expérience de la liberté et aide à protéger et à entretenir ces droits. En Grèce, l'agora était l'expression spatiale de ces droits sociaux, malgré les prérogatives d'une classe très fermée. Tester l'accessibilité physique et intellectuelle de son domaine public permet de déterminer les valeurs d'une société ; les espaces publics inclusifs et prospères nourrissent la tolérance et la pensée radicale. Nul hasard que, sous des régimes répressifs comme le fascisme, la ville soit ségréguée et particulièrement conçue pour écraser l'individuel. Partager les espaces publics brise nos préjugés et nous oblige à reconnaître nos responsabilités communes. Partager lie les communautés.

Nous devons défendre la liberté de l'espace public avec la même détermination que la liberté d'expression. Il nous faut admettre que le domaine public comprend nos institutions semi-privées – écoles, universités, mairies, centres commerciaux – et nous assurer qu'il soit accessible à tous et conçu avec le plus grand soin. Le grignotage de ces droits par le contrôle privé impose la notion de responsabilité envers le public ; si la grand-rue citoyenne, par exemple, est transformée en mail commercial privé, les aménageurs doivent répondre aux besoins sociaux de l'ensemble de la communauté. La liberté du cyberespace, elle aussi, doit être incluse dans notre définition du domaine public et protégée comme un forum public ; elle peut aussi contribuer à créer une société d'individus égaux.

Aujourd'hui, nous bâtissons des villes qui divisent et brutalisent au lieu d'émanciper et de civiliser. Mais la récente révolution dans nos comportements face à l'environnement nous fournit un exemple utile. La description que font les écologistes de notre relation à la nature – nous ne sommes pas ses propriétaires mais ses administrateurs et nous sommes responsables envers les générations futures – s'applique tout autant à la vie publique des villes. Nous nous habituons à considérer la nature comme une valeur fondamentale ; il nous faut maintenant appréhender le domaine public de la même façon et nous investir en tant que citoyens dans la vie publique et les espaces publics.

Comment faire émerger la ville durable ? L'économie est, inévitablement, au cœur de la démarche pour y parvenir, et il est de notre devoir de vérifier les hypothèses sur lesquelles se fonde notre pensée économique. Depuis l'avènement de l'industrialisation, l'accent a été mis sur « l'extraction et l'utilisation » des ressources. Au cours des deux siècles précédents, cette approche a donné naissance à des techniques hautement performantes et des technologies qui foncent tête baissée sur le chemin de la consommation linéaire et du gaspillage. L'accent mis sur le PIB et le PNB fait croire que la croissance économique, en soi, est un bienfait, mais il ne parvient pas à intégrer sur le long terme des critères tels que la fertilité de l'environnement ou le bien-être de la société. Si nous basculons ce concept vers celui de la « préservation et du recyclage » des

Produit intérieur brut
le **PIB** se calcule en additionnant l'ensemble des activités, y compris celles qui réduisent la qualité de la vie.

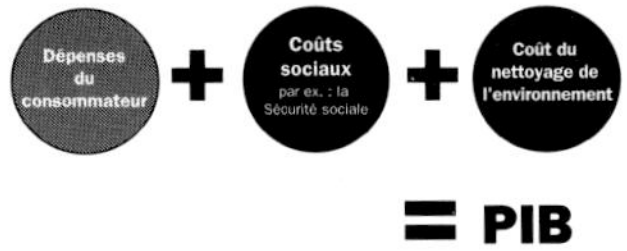

Indice des richesses économiques durables
l'**IRED**, d'autre part, tient compte des coûts négatifs et inclue certains facteurs sociaux que le PIB ignore.

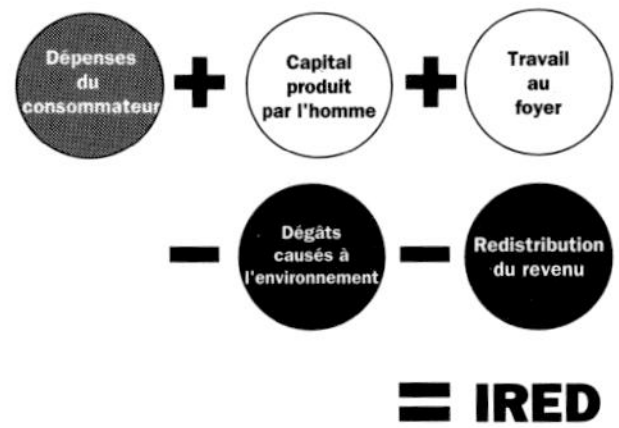

Le PIB n'est plus un moyen adéquat pour juger des standards de vie. Des questions comme la pollution, les déchets, la santé et la sécurité doivent être incluses dans l'équation.
Richard Rogers Partnership/ New Economics Foundation

ressources, nous pouvons nous attendre à ce que le marché réponde avec la même voracité et la même efficacité. Mais comment effectuer ce changement ?

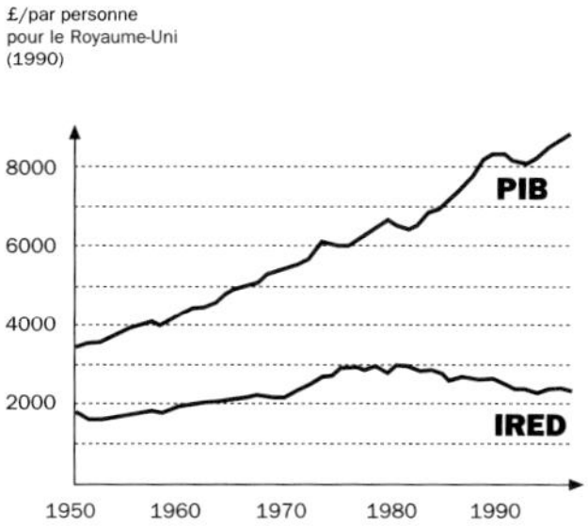

Graphique montrant l'élargissement du fossé entre le PIB et les indicateurs de qualité tels que l'IRED.

L'approche courante du marché se fonde sur la fixation du prix des marchandises d'après leur coût de production, sans prendre en compte les répercussions de leur utilisation. Prenez le cas de l'essence. Aux États-Unis et dans beaucoup d'autres pays, l'essence est actuellement moins chère que l'eau minérale et cependant l'utilisation de l'essence nuit à la qualité de l'air, à la santé et à la fertilité de la terre. Nos habitudes de gaspillage sont entretenues par le coût peu élevé du pétrole. Son prix ? D'énormes dommages à long terme pour l'environnement, pollution de l'air et coûts médicaux pour ceux qui souffrent de la pauvreté de l'air et des embouteillages. En une seule année, nous consommons l'énergie que la planète a mis des millions d'années à stocker et par là même endommageons fatalement le système de vie de l'humanité. Nous consommons aujourd'hui la richesse des générations futures. Mais le comportement du marché n'est pas le seul à être préjudiciable. Un rapport récent du Worldwatch Institute à Washington a révélé que les gouvernements occidentaux étaient eux-mêmes responsables de 500 milliards de dollars de dépenses publiques faisant directement tort à l'environnement. Faire entrer les activités du marché et le secteur public dans la comptabilité complexe de la durabilité est absolument nécessaire si nous voulons progresser vers la vie durable : « Pour que le développement soit durable, les considérations environnementales doivent être au cœur du processus décisionnel du gouvernement et de l'industrie. Nous devons donc être mieux informés des impacts du développement économique sur l'environnement. L'objectif ultime serait l'intégration des coûts environnementaux et économiques dans les comptes nationaux. » (UK Governement White Paper, janvier 1994).

L'introduction d'un nouveau concept d'évaluation holistique et économique est impérative. La durabilité peut être envisagée comme une mesure d'efficacité, mais une efficacité déterminée par des critères complexes, larges et à long terme plutôt que simples, restreints et à court terme. Ainsi la durabilité tient la première place dans l'efficacité économique, une durabilité qui profite à tous, plutôt qu'à certains au détriment de beaucoup.

Le marché est réactif, flexible et, dans les critères à court terme, hautement efficace, mais nous devons introduire dans l'équation économique les facteurs environnementaux et sociaux à long terme. Les défenseurs de la durabilité, tel David Pearce, professeur de sciences économiques à la London University, déclare que le marché doit être dirigé par le gouvernement, de sorte que l'on puisse générer de l' « efficacité » à court terme sans encourir des « inefficacités » écologiques et sociales. Les gouvernements devraient imposer un impôt environnemental ou des taxes « vertes » sur les activités qui nuisent à l'environnement, en répercutant les coûts indirects dans le prix d'achat des produits. Cela conduirait les forces du marché vers des modes de production plus verts et combinerait les avantages de la réactivité du marché et de sa capacité à produire de l'efficacité avec les bénéfices de la durabilité.

Appliquez cela aux carburants. Depuis l'effondrement de l'OPEP en 1986, l'essence a retrouvé son faible cours d'avant la crise du pétrole. Dans le secteur automobile, les améliorations sur les économies d'essence, développées après 1973, se sont inversées. Beaucoup d'automobilistes, encouragés par les prix peu élevés de l'essence, choisissent aujourd'hui des voitures plus grosses et plus lourdes avec des moteurs plus puissants. Augmenter le coût de la taxe découragerait rapidement les consommateurs d'acheter des véhicules gloutons en énergie et encouragerait les constructeurs à appliquer les innovations technologiques susceptibles de réduire la consommation de pétrole et la pollution.

De nos jours, la taxation est plutôt considérée comme une façon d'augmenter les rentrées pour l'État plutôt que comme un outil capable d'influencer le comportement corporatif et individuel. Elle est maintenue au niveau jugé tolérable par le marché et l'électorat. Ainsi la taxe sur le pétrole ou sur les véhicules est-elle déterminée par le souhait de maximiser le revenu sans rompre les *statu quo* économiques plutôt que par des considérations environnementales ou sociales.

Les politiques environnementales qui encouragent une plus grande « productivité des ressources » – davantage de recyclage et moins de déchets – peuvent produire des cercles vertueux. Elles sont susceptibles de demander plus de travail et sont pressenties comme génératrices d'un large éventail d'emplois dans la ville et d'opportunités financières. C'est parfaitement logique : le changement d'attitude par rapport aux déchets, à savoir passer du déversement en mer, de la combustion, de l'enfouissement sous terre à la réutilisation et au recyclage, exige un niveau d'attention plus élevé. La productivité des ressources peut être encore encouragée en répartissant la taxation entre les hommes et les machines. Les politiques de taxation gouvernementales favorisent généralement la « mécanisation » comme moyen d'accroître la production. En conséquence, elles tendent à subventionner l'automatisation en créant des mesures de taxation qui encouragent les entreprises à « s'outiller » et découragent les procédés de travail nécessitant beaucoup de main-d'œuvre, en offrant des avantages fiscaux à ceux qui investissent dans la technologie, tout en continuant à percevoir le revenu du travail. Quoi qu'il en soit, l'hypothèse favorable à la machine en tant qu'elle s'oppose au travail moins « productif » peut se révéler fausse : dans certains cas, l'emploi d'une personne mène à de larges gains sociaux ou environnementaux qui l'emportent de loin sur l'apparente efficacité d'une machine.

Prenez le cas, apparemment simple, du receveur – à présent en voie de disparition – dans le bus londonien : depuis la rationalisation et la privatisation des itinéraires de bus, et la volonté d' « efficacité » qui s'ensuivit, les tâches du receveur ont été assumées par le chauffeur. Les compagnies ont doublé, au sens figuré, leur productivité du jour au lendemain en faisant fonctionner les mêmes lignes avec la moitié des effectifs et un peu plus d'équipements. Mais ce qui vaut sur le papier ne tient pas compte de l'impact économique, social et environnemental du changement : les bus qui s'attardent à l'arrêt (engorgeant l'air de fumée, allongeant le temps de trajet et ralentissant le trafic derrière eux) ; aucune assistance aux handicapés, aux personnes âgées, aux touristes ; pas de visage familier pour les jeunes enfants ; un sentiment de sécurité moindre et moins d'animation dus à la présence d'un receveur souvent « fantasque » ; aucun sentiment de propriété de l'espace passagers – sans compter une centaine de receveurs au chômage. Il nous paraît évident que les bus roulent aujourd'hui pour moins cher et que les profits de la revente au privé sont partagés entre ce qu'il reste d'employés et les dirigeants. Mais rien ne prouve que ces changements aient amélioré l'ensemble du réseau de transport public ou que davantage de gens utilisent les bus plus souvent. Les coûts – en temps perdu, pétrole gaspillé, embouteillages, pollution et chômage – sont pris en charge par la société. L'économie réalisée par la société grâce à cet accroissement de la productivité est une illusion.

Et cet exemple n'est que la partie visible de l'iceberg. La grande « efficacité » générée par les multinationales, qui contrôlent quelque 50 % de l'ensemble du revenu, masque les empreintes tant sociales qu'environnementales des villes consuméristes. Un récent article du *Guardian* relatait comment les Philippines veulent se transformer en « tigre asiatique » grâce à un programme de modernisation agricole. De vastes plantations fruitières remplacent les petites entreprises, et les multinationales les rendent de plus en plus capitalistes. Les machines remplacent les coupeurs, qui désormais émigrent vers les villes et remplissent leurs bidonvilles. Les terres auparavant utilisées pour cultiver le maïs et le riz à usage domestique sont forcées, du fait des prix trop bas, de s'aiguiller vers des récoltes de luxe destinées à être exportées vers le monde industrialisé. Ces terres, d'après les estimations, devraient être réduites de moitié dans les années à venir. Il est vrai que le coût d'un ananas philippin sur les tables de Paris, Londres, New York ou Tokyo est très compétitif, mais à quel coût social ?

Il faut évaluer très attentivement l'ensemble des dépenses de la société pour ces nouvelles « efficacités », tant dans le pays qu'à l'étranger. Quand la société subit des coûts, les profits devraient être partagés entre les programmes sociaux et éducatifs et pas seulement distribués entre les actionnaires et les dirigeants de sociétés. La robotisation succédant au travailleur car elle est plus apte à produire certains types de richesses, la taxation devrait se déplacer du travailleur vers le produit. L'idéal serait d'instaurer un cadre de taxation qui encourage l'interaction efficace, durable pour l'environnement et les populations, entre la société, la nature et la machine.

Les gouvernements devraient rendre transparents les objectifs des taxes liées au développement durable. Dans certains cas, affecter le revenu de la taxe verte à des projets de durabilité spécifiques la rend plus acceptable aux yeux des citoyens : par exemple, utiliser l'augmentation de la taxe sur l'essence pour améliorer le transport public. Les bénéfices de la Sécurité sociale devraient, dans la mesure du possible, financer ouvertement les initiatives de la « citoyenneté créatrice », qui engendrent elles-mêmes plus de richesse sociale, plutôt que de maintenir les gens dans une situation de dépendance.

Les taxes foncières devraient être conçues pour encourager la consolidation des villes plutôt que leur étalement. Aujourd'hui, certaines taxes foncières et travaux publics favorisent en fait l'étalement urbain et, par conséquent, l'abandon des centres et la déchéance sociale. Par exemple, les routes financées par le contribuable ont transformé les terres agricoles sans valeur en propriétés commerciales accessibles et valorisées. Les taxes sur le développement de sites hors de la ville devraient traduire à la fois le coût de l'infrastructure financée par l'État et les coûts pour la société dus à l'abandon des centres par les commerces. Cela augmenterait la relative compétitivité de la ville compacte et encouragerait les aménageurs et les petits commerçants à consolider les centres-villes. Les demandes de permis d'aménagement devraient être accompagnées d'études rigoureuses sur leur impact social et environnemental. Les taxes devraient pénaliser les projets qui génèrent des niveaux inacceptables de ségrégation, d'encombrement ou de pollution.

Faire avancer la durabilité nécessite de réformer la structure gouvernementale elle-même. Aujourd'hui encore, les gouvernements agissent à travers des ministères qui ont chacun leur propre agenda et n'ont aucune stratégie environnementale et sociale d'ensemble ; ces agendas sont souvent incompatibles avec ceux des autres ministères. Autoriser les politiques ministérielles à tirer dans toutes les directions est totalement décalé par rapport aux exigences de la vie moderne en ville. En Grande-Bretagne, par exemple, les ministères du Transport et du Commerce et de l'Industrie ont toujours considéré qu'il leur incombait de promouvoir l'utilisation de la voiture, alors que la responsabilité des ministères de l'Environnement et de la Santé était de la brider. Nous avons besoin de structures gouvernementales holistiques qui admettent la complexité de la ville moderne.

Un pas audacieux fut franchi en 1992, quand le gouvernement français mit en place son ministère de la Ville pour s'attaquer aux multiples besoins de ses citoyens les plus pauvres. La majorité d'entre eux vivaient dans des cités déshéritées et souffraient des symptômes classiques de la pauvreté : mauvaise éducation, mauvais environnement et mauvaise santé aussi bien que de forts taux de criminalité, de chômage, de consommation de drogue et d'isolement social. Dans la structure précédente, chaque ministère ne pouvait que réagir face aux conséquences de la pauvreté mais non s'attaquer à ses causes. Le travail du nouveau ministère de la Ville est de coordonner les activités des ministères traditionnels et de créer une ambiance favorable à la mise en commun de leurs ressources et au partage de la responsabilité face aux conditions de vie de ces citoyens défavorisés.

Ce type d'approche dans l'aménagement pour un environnement durable, qui a si bien fait ses preuves dans des villes comme Curitiba, devra étayer la future politique du gouvernement. Beaucoup de pays mettent en place le processus en introduisant une législation qui traverse les frontières conventionnelles des responsabilités. La plupart des gouvernements occidentaux commencent à appliquer le principe du « pollueur-payeur ». Le gouvernement allemand a fait ainsi passer de nouvelles lois qui visent les déchets domestiques : la loi sur le recyclage des matériaux rend les industriels responsables du recyclage après utilisation des produits qu'ils fabriquent – une responsabilité qui normalement incombe aux usagers ou aux collectivités locales. Ce type de loi aura des conséquences notoires sur l'attitude des fabricants face aux emballages et au recyclage, et nous pourrons ainsi commencer à fermer la boucle production-consommation et améliorer rapidement le métabolisme de la ville.

Une bonne information du public est essentielle pour mettre en œuvre les politiques gouvernementales et les faire appliquer correctement. Les gouvernements qui se sont eux-mêmes fixé des objectifs écologiques doivent être sanctionnés si ceux-ci ne sont pas atteints. L'autodiscipline est vitale. Le Royaume-Uni, par exemple, s'est engagé à se conformer aux normes de l'OMS en matière de pollution à l'ozone d'ici à l'an 2000 ; mais, ayant fait ce serment, il a même omis de signaler les nombreuses fois où les niveaux d'ozone dépassaient ces normes.

Les citoyens exerceront une réelle pression sur leur gouvernement lorsque des normes internationales de mesure des performances écologiques des villes seront établies, des objectifs pour les améliorer fixés et les progrès contrôlés et publiés à l'attention du public. Si l'accès à cette information est rendu public via Internet, émergera alors une image globale, claire et accessible. Des sanctions internationales et une assistance pourraient être mises en place pour les nations dont les villes ne respectent pas les critères de durabilité.

Les gouvernements doivent s'assurer que leur énorme pouvoir d'achat profite à la durabilité environnementale et sociale. Leurs politiques d'approvisionnement pourraient appliquer l'innovation à tous les champs de la conception durable, de la voiture électrique aux bâtiments basse énergie et aux environnements propices à l'éducation.

Ces dernières vingt-cinq années, la France s'est servie de ses budgets destinés à la construction publique pour investir dans la qualité du bâti comme moyen de renforcer le sentiment de communauté, la fierté et la réussite culturelle. Cette politique a eu un succès fou. Elle a permis au public de prendre conscience de l'importance de l'architecture et a couvert le pays de beaux bâtiments contemporains qui ont revitalisé les communautés locales. Les nouveaux bâtiments et parcs français ont recueilli les louanges du monde entier et fortement relancé le tourisme. Les architectes français, peu connus au niveau international durant les années 1960 et 1970, sont aujourd'hui universellement admirés, grâce à de jeunes architectes et urbanistes novateurs comme Jean Nouvel, Dominique Perrault et Christian de Portzamparc. Le programme culturel lancé par Mitterrand engendra une atmosphère dynamique et ouverte au futur.

Les gouvernements ont le pouvoir de garantir la production de projets urbains de qualité, qui encouragent innovation et expérimentation. En agissant simplement comme des mécènes connaissant bien l'architecture, les ministères peuvent établir des normes de qualité dans l'environnement. Les citoyens sont en droit d'attendre de leur gouvernement qu'il leur offre des bâtiments publics de la meilleure qualité architecturale car ces bâtiments sont essentiels dans la vie quotidienne : l'architecture est la représentation physique du développement culturel d'une société urbaine et de ses préoccupations sociales. Les gouvernements pourraient directement améliorer la qualité de l'environnement et des professionnels en allant chercher les jeunes architectes, talentueux et imaginatifs, et en les encourageant à travailler sur nos écoles, nos hôpitaux et notre habitat social. Là où il y avait deux partenaires économiques majeurs – le business et les gouvernements nationaux – il faut désormais compter avec un troisième : la ville globale. Les technologies de l'information qui ont rendu possible la mondialisation de l'économie ont créé des réseaux de communication forts, centrés sur la ville. Les sociétés qui opèrent au niveau mondial dépendent des infrastructures de service et des ressources humaines qualifiées qui n'existent que dans les villes. D'où la concentration massive des ressources dans les aires urbaines et la création d'un nouveau réseau de villes globales. Le transfert du pouvoir économique vers les villes s'est aussi accompagné d'un transfert d'autorité sur les services publics, du gouvernement vers la ville. Les villes sont devenues des puissances économiques et politiques majeures, et, en tant que technopoles, elles sont un des premiers instruments grâce auquel les nations peuvent se connecter à l'économie mondiale.

« Loin de devenir obsolètes du fait de la dispersion rendue possible par les technologies de l'information, les villes concentrent les leviers de commande de l'économie mondiale » (Saskia Sassen).

Les nouvelles technologies de l'information transforment l'économie à tous ses niveaux. L'esprit des citoyens et les technologies sophistiquées remplacent les matériaux bruts et les biceps. La mise en réseau de la créativité conduit désormais la nouvelle économie « créatrice ». Les échanges entre l'art et la technologie – échanges d'idées plus que de marchandises – deviennent l'élément moteur de la nouvelle économie et de notre prospérité future. Ces changements affectent directement la forme de la ville car les autoroutes de l'information, le faible coût de la puissance informatique et la robotique industrielle sophistiquée révolutionnent les pratiques professionnelles. Les nouvelles technologies libèrent le savoir et le travail de leur localisation traditionnelle. Les frontières nettes qui séparaient les activités d'hier – l'usine, le bureau, l'université – sont remplacées par des connections aux sources de l'information flexibles et en réseau. Les gens accèderont de plus en plus au savoir quand ils le voudront et pas seulement là où il est institutionnalisé :

chacun pourra se connecter et participer, que ce soit à la maison, au café ou dans un parc. Apprendre, vivre et travailler se recouperont en permanence.

Ces innovations pourraient stimuler la restructuration de la ville dans une perspective de durabilité. La ville industrielle du XIXe siècle s'est bâtie sur l'accès aux voies ferrées ou l'approvisionnement en charbon et en acier. Celle de la fin du XXe siècle a été planifiée et développée autour de zones d'activité unique. Dans la ville du XXIe siècle, l'économie s'appuyant sur l'emploi à petite échelle et l'échange créatif générera des besoins beaucoup plus variés et personnels. Les petites entreprises ont moins besoin de grandes surfaces de bureaux que d'infrastructures et de services locaux. Le fait d'être passé de très grandes entreprises à des réseaux de plus petites réduit le besoin de travailler dans de vastes groupes statiques et pousse à l'émergence de lieux de travail locaux, dispersés à travers la ville et complétés par des concentrations de lieux de rencontre formels ou informels. L'impact de ce processus aura d'importantes répercussions sur le fonctionnement de la ville. Les pics d'affluence pour entrer et sortir des centres feront place à une répartition plus équilibrée de la mobilité tout au long de la journée et dans l'ensemble de la ville. Cela entraînera une plus grande dépendance et une utilisation plus équilibrée et plus efficace des transports urbains. Un tissu urbain plus fin et plus diversifié augmentera la demande pour ces activités culturelles et services civils qui réunissent plus qu'ils ne séparent. Ces tendances justifient économiquement un aménagement des villes autour de communautés compactes et écologiquement durables.

Faire des affaires – exposer et échanger des idées – se rapporte bien à une activité sociale et économique. Estomper la frontière entre le travail et le reste des activités humaines concentrera la ville en noyaux plus compacts et socialement mixtes, condition nécessaire à la durabilité de la ville. Dans un monde où la richesse est engendrée par la créativité des citoyens et où l'innovation sera portée par l'imprévisible et le spontané, les autorités de la ville devront développer de nouvelles politiques qui soutiennent la compétitivité et la productivité des citoyens. Comment la conception des villes encourage-t-elle l'économie créatrice ? Les entreprises qui ont la possibilité de s'établir n'importe où iront là où elles peuvent attirer la bonne personne au bon endroit. La nouvelle économie prospérera dans les villes qui offrent un mélange équilibré de vie publique, de mobilité, d'enseignement continu et d'équipements culturels accessibles.

L'impact de l'accélération du changement sur la forme physique de la ville est radical. La vie des institutions est de plus en plus courte – les gares sont reconverties en musées, les centrales électriques en galeries d'art, les églises en boîtes de nuit, les entrepôts en logements – et il est désormais d'usage de prévoir qu'un bâtiment changera d'affectation quelques années après sa construction. La vie moderne ne peut plus se définir sur le long terme et, par conséquent, ne plus être contenue dans un ordonnancement immuable de bâtiments et d'espaces symboliques. L'ordre classique du symbolisme architectural n'est plus de mise. Le passant n'est plus capable de déceler les fonctions d'un bâtiment : l'église, la mairie, le palais, le marché, l'usine. Autrefois symboles d'une hiérarchie statique, les bâtiments sont devenus des conteneurs flexibles à la disposition d'une société dynamique. Quoi qu'il en soit, c'est avant tout la disposition des bâtiments dans l'espace – le réseau de la ville dans son ensemble – qui reflète la société urbaine moderne.

À mesure que les façons de vivre traditionnelles cèdent face aux attaques de la vie moderne, le changement peut devenir douloureux et s'accompagner de nouveaux problèmes. Ville géante – où la philosophie du travail domine la vie, où le découpage en zones et la valeur exorbitante des terrains ont éloigné le domicile du lieu de travail en centre-ville –, Tokyo a vu ses traditions culturelles se modifier de manière dramatique. Dans les espaces résidentiels, la vie domestique a été mise en marge et reléguée aux seuls dimanches. L'espace urbain en centre-ville est modelé pour satisfaire à la fois le travail et les besoins domestiques des employés bloqués sur leur île pendant la semaine. Les fonctions résidentielles et urbaines commencent à se fondre les unes dans les autres et le rapport entre l'intérieur et l'extérieur a été corrigé de sorte que le centre est devenu le domicile. On mange, on dort, on se lave désormais dans le centre : la pièce de séjour est remplacée par le café, le bar, le club et le karaoké ; la salle à manger et la cuisine par le comptoir et le fast-food ; la salle de bains par le club de sport, le sauna et l'établissement de cure ; la chambre par l'auberge, l'hôtel ou l'hôtel de passe. Le centre-ville vit vingt-quatre heures sur vingt-quatre, et c'est terrifiant, mais le reste de la ville, l'une des plus grandes métropoles mondiales, est inhumain et chaotique. Et ce n'est qu'un exemple de la façon dont la forme et le fonctionnement d'une ville sont constamment revus et adaptés. La complexité des forces et la puissance du marché à monopoliser le changement exigent la plus grande vigilance de la part des citoyens et des gouvernements.

Nous devons bâtir des villes flexibles et ouvertes, avancer avec et non pas contre le processus, désormais inévitable, qui rend les villes sujettes à un continuel changement. À mesure que les logements, les écoles, les lieux de divertissement et de travail se définissent moins par leur seule fonction, une structure de base, reliée à un réseau de communication commun, peut accueillir le savoir, le travail et les loisirs. L'esthétique est tout sauf libérée de l'association entre le bâtiment et sa fonction. Le système constructif lui-même – l'exécution, la sensibilité et la beauté – devient vite le critère dominant. L'esthétique de la réponse, du changement et de la modulation a remplacé l'ordre figé de l'architecture.

L'architecture évolue en réponse aux exigences environnementales, au développement de nouveaux matériaux très performants et bioréactifs. Le Corbusier décrivait l'architecture comme « le jeu magistralement exact et magnifique des masses assemblées à la lumière ». Dans l'avenir, toutefois, les bâtiments auront tendance à se dématérialiser. Nous allons vivre une époque non plus de masse mais de transparence et de voiles : de structures indéterminées, adaptables et flottantes qui répondent aux changements quotidiens d'environnement et de modes d'utilisation. Les bâtiments du futur – déjà esquissés dans le travail de Will Alsop, Future Systems, Zaha Hadid, Rem Koolhaas, Daniel Libeskind, Coop Himmelblau et Toyo Ito – ressembleront moins aux temples classiques immuables du passé qu'à des robots organiques qui bougent et pensent. Cette nouvelle architecture transformera le caractère du domaine public. À mesure que les structures deviendront plus légères, les bâtiments seront plus perméables et les piétons les traverseront plus qu'ils ne les contourneront. La rue et le parc pourront faire partie du bâtiment ou le bâtiment planer au-dessus d'eux. L'architecte Cedric Price a dit un jour que le problème principal avec la ville est que les bâtiments sont dans le chemin. Dans le futur, il n'en sera pas forcément ainsi.

C'est le transport qui fera ou défera la durabilité de la ville. Les communautés compactes mixtes devraient être regroupées autour des pôles de transport public et le quartier conçu sur la base de distances parcourables à pied ou à vélo. Certaines autorités métropolitaines considèrent déjà d'une tout autre manière le transport dans leur ville. À Strasbourg, par exemple, son maire visionnaire, Catherine Trautmann, a mené des politiques de transport révolutionnaires. Les voitures privées sont interdites en centre-ville ; un tram dernier cri y circule, des mini-véhicules électriques peuvent y être loués à l'heure, à la journée ou à la semaine. Les canaux sont utilisés pour le transport et leurs berges transformées en cheminements piétonniers paysagés qui sillonnent la ville. Curitiba, au Brésil, a aussi transformé la perception qu'a le public du système de transport en interdisant les axes principaux à tout véhicule sauf aux bus, en concevant des bus qui chargent et déchargent leurs passagers comme le font des métros et en passant commande de stations de bus en verre futuristes, construites selon un cahier des charges extrêmement étudié. Du coup, tout le monde aime prendre le bus parce qu'il est sécurisant, rapide et intelligent.

À travers le monde, les mégarégions urbaines fondées sur des systèmes de transport mécaniques, rapides et efficaces voient le jour. Les trains circulent déjà à près de 300 kilomètres/heure et bientôt la mise en place de trains à lévitation magnétique doublera cette vitesse. En Europe et en Asie, l'extension du réseau de trains internationaux à très grande vitesse relie les villes, renforce leur importance comme pôles de communication et offre des couloirs pour de nouveaux développements compacts.

Cet objet de la technologie automobile actuelle, polluant et obstruant – la voiture –, pourrait être repensé de façon à ne nuire en rien à l'environnement. Il pourrait même devenir complètement robotisé : autoguidées le long de voies express urbaines, les voitures de l'avenir seront « propres », mais il sera plus économique, plus rapide et plus amusant de voyager en transport public. La voiture sera considérée comme un composant mineur d'un réseau de systèmes de transport complexe et souple. Les citoyens auront accès à un Internet de transports qui analysera instantanément la totalité du réseau, dressera l'itinéraire le plus rapide à travers la ville et leur dira quand et où le véhicule le plus proche arrivera à leur niveau. Cela permettra au citoyen de se déplacer plus vite, plus souvent et vraiment partout.

Compte tenu de la volonté nécessaire à leur création, les villes du futur seront à même d'offrir les fondations d'une société où chacun contribuera à la santé, à la sécurité, à l'inspiration et à la justice. Les nouvelles technologies pourraient donner à nos villes un nouveau bail pour la vie : une vie plus sociable, plus belle et plus passionnante et, par-dessus tout, une vie définie par sa citoyenneté.

Le concept de ville durable reconnaît que la ville doit répondre à nos objectifs sociaux, écologiques, politiques et culturels tout autant qu'à nos objectifs économiques et physiques. Elle est un organisme dynamique aussi complexe que la société elle-même et suffisamment réactif pour s'adapter rapidement à ses propres changements. La ville durable a de nombreux visages :

– une ville juste, où la justice, la nourriture, l'hébergement, l'éducation et l'espoir sont distribués de manière équitable et où chacun participe au gouvernement ;

– une ville belle, où l'art, l'architecture et le paysage enflamment l'imagination et émeuvent l'esprit ;

– une ville créatrice, où l'ouverture d'esprit et l'expérimentation mobilisent tout le potentiel de ses ressources humaines et permettent une réaction rapide au changement ;

– une ville écologique, qui minimise son impact sur l'environnement, où le paysage et la forme bâtie sont équilibrés et où les bâtiments et les infrastructures sont sûrs et efficaces dans leur utilisation des ressources ;

– une ville conviviale, où le domaine public favorise le sentiment de communauté et la mobilité, et où l'information s'échange à la fois face à face et électroniquement ;

La ville-réseau

► Partie du réseau de villes mondial : l'Europe la nuit.
W. T. Sullivan et Hansen, Planetarium; Science Photo Library

– une ville compacte et polycentrique, qui protège la campagne, rassemble et intègre les communautés dans des quartiers et optimise la proximité ;
– une ville diversifiée, où un large éventail d'activités qui s'entrecroisent crée de l'animation, de l'inspiration et donne naissance à une vie publique essentielle.

La ville durable pourrait devenir l'agent qui apporte les droits environnementaux (les droits fondamentaux à l'eau propre, l'air pur, la terre fertile) à notre nouvelle civilisation mondiale à dominante urbaine. Aujourd'hui, des millions d'êtres humains, et bientôt des milliards, ne bénéficient pas de ces droits. L'engagement en faveur des droits environnementaux exige l'émergence de la ville durable – en fait, l'un ne va pas sans l'autre. Prenez, par exemple, le problème de l'air pur ou de la santé. Aujourd'hui des millions d'habitants de bidonvilles brûlent des combustibles solides pour cuisiner et se chauffer, ce qui crée des niveaux dangereux de pollution de l'air auxquels ils ne peuvent échapper. Une ville engagée en faveur des droits de l'homme se doit de fournir une énergie propre, de mener des politiques qui accroissent son efficacité et réduisent sa pollution. Cela, à son tour, atténuera pour chacun la crise mondiale de l'environnement.

La crise environnementale et sociale que vivent toutes les villes du monde a focalisé les intelligences. La nécessité de durabilité a ranimé le besoin d'un urbanisme attentif et exigé de repenser ses principes et objectifs de base. La crise de la civilisation moderne exige que les gouvernements pensent en termes de ville durable.

À l'évidence, un déplacement vers la réalisation de ces ambitions s'opère. Une tendance mondiale existe qui voit le pouvoir délégué et partagé entre les nations, les organisations internationales et les

La ville durable est :

– **une ville juste,** où la justice, la nourriture, l'hébergement, l'éducation et l'espoir sont distribués de manière équitable et où chacun participe au gouvernement ;
– **une ville belle,** où l'art, l'architecture et le paysage enflament l'imagination et émeuvent l'esprit ;
– **une ville créatrice,** où l'ouverture d'esprit et l'expérimentation mobilisent tout le potentiel de ses ressources humaines et permettent une réaction rapide au changement ;
– **une ville écologique,** qui minimise son impact sur l'environnement, où le paysage et la forme bâtie sont équilibrés et où les bâtiments et les infrastructures sont sûrs et efficaces dans leur utilisation des ressources ;
– **une ville conviviale,** où le domaine public favorise le sentiment de communauté et la mobilité et où l'information s'échange à la fois face à face et électroniquement ;
– **une ville compacte et polycentrique,** qui protège la campagne, rassemble et intègre les communautés dans des quartiers et optimise la proximité ;
– **une ville diversifiée,** où un large éventail d'activités qui s'entrecroisent crée de l'animation, de l'inspiration et donne naissance à une vie publique essentielle.

autorités métropolitaines. En 1996, la Conférence des Nations unies sur l'habitat a mis sur le devant de la scène ces nouvelles relations. Pour la première fois, des diplomates et des ministres furent confrontés à une exigence cohérente des autorités responsables des villes : jouer un rôle clé dans les procédures. Les représentants des villes du monde entier ont fait des propositions lors de cette conférence. Maintes et maintes fois, les critiques des citoyens, et plus particulièrement des citoyens du monde en voie de développement, y furent exposées. L'interdépendance entre l'avenir de l'humanité et la qualité de l'environnement de la ville fut prouvée. La Banque mondiale répondit immédiatement en triplant ses subventions aux villes.

On sait aujourd'hui que l'urbanisme est à la fois interdisciplinaire et qu'il ne se cantonne plus aux limites de la métropole. De plus en plus les urbanistes prennent en considération la capitale, ses villes avoisinantes et son contexte régional. Dans bien des cas, l'urbanisme a été élargi aux zones régionales – par exemple, l'axe Portland-Seattle-Vancouver, ou l'axe Amsterdam-Rotterdam – où les villes, l'agriculture, l'économie et l'environnement sont considérés de manière parallèle et où la planification obéit à des objectifs à long terme.

En Europe, des villes telles que Barcelone, Lyon et Glasgow tissent des liens avec d'autres villes dynamiques et mettent en œuvre des politiques visant à améliorer la qualité de vie urbaine et à limiter l'impact écologique de leur ville. Ces politiques, qui font souvent écho aux ambitions de l'Union européenne ou aux accords internationaux tels que la Déclaration de Rio, se trouvent souvent en porte-à-faux avec les agendas à court terme des gouvernements nationaux. Et c'est lorsque sont abordés des sujets tels que la réduction de l'émission des gaz à effet de serre, la circulation automobile ou l'investissement dans les transports publics que le problème devient évident. La Californie offre un autre exemple d'action urbaine au niveau régional. Elle a défini différentes catégories de véhicules peu polluants et fixé des dates limites pour que ce type de véhicules vienne constituer un pourcentage des ventes totales de véhicules (d'ici à 2003, 10 % de toutes les voitures vendues dans cet État devront être des véhicules « zéro degré d'émission »). Cette action, message clair envoyé aux constructeurs, a initié un véritable programme de recherche-développement. Résultat concret : une voiture conçue par General Motors a été mise sur le marché en Californie en 1996 et des améliorations de taille concernant les émissions des voitures ont été mises en œuvre.

Une législation prenant la ville comme point de départ pourrait stimuler des changements technologiques et comportementaux majeurs, dépassant largement les limites immédiates de la ville. Des solutions techniques existent déjà qui permettent de réduire l'utilisation d'énergie et de ressources d'un grand nombre de produits urbains. Véhicules, systèmes d'air conditionné, réfrigérateurs, emballages et distribution deviendraient bien plus écologiques si les villes coordonnaient leurs objectifs au niveau de l'énergie et du recyclage. Ces initiatives donneraient un coup de fouet au développement de nouvelles technologies productrices d'énergie pour toutes les villes et pourraient s'appliquer à toutes les villes du monde, qu'elles soient riches ou pauvres.

Le pouvoir de la ville et la citoyenneté participative font contrepoids à l'inefficacité des gouvernements nationaux à s'occuper des divers problèmes propres à la ville. Une plus grande autonomie des villes et une plus grande participation des citoyens donneront naissance à des politiques publiques ciblées sur un problème spécifique dans un environnement spécifique. Le gouvernement de la ville est le mieux placé pour décider des besoins de son système de transport, de son action sociale, de l'éducation et de ses programmes énergétiques. Si la ville s'engage en faveur de la durabilité, alors ses citoyens eux-mêmes se trouveront impliqués directement dans le règlement de la crise environnementale globale. La mise en réseau de villes crée un réseau mondial de citoyens interdépendants.

La tendance actuelle à la disparité des richesses est un des obstacles majeurs pour atteindre les objectifs définis plus haut. La consommation moyenne d'énergie par personne dans le monde développé est aujourd'hui six fois supérieure à celle des pays en voie de développement et la consommation d'eau par personne est cent fois supérieure. Le rapport de 1992 sur le développement humain du Programme de développement des Nations unies (PDNU) révèle que le monde développé, qui représente un cinquième de la population mondiale, perçoit plus de 80 % du revenu mondial, soit soixante fois celui du cinquième le plus pauvre, qui survit avec moins de 2 %. Ce fossé a doublé depuis 1960. Et cette tendance mondiale se retrouve dans les différentiels de richesse émergeant aujourd'hui dans les pays en voie de développement eux-mêmes. Aux États-Unis, au début des années 1990, 1 % de la population la plus riche détenait 40 % de la richesse, soit deux fois plus que dans les années 1970 ; un retour au niveau de 1920, et cette tendance est tout aussi vraie en Grande-Bretagne. John Kavanagh, de l'Institute of Policy Research de Washington, a calculé que la richesse cumulée des 380 milliardaires mondiaux excède le revenu annuel cumulé de la moitié de la population mondiale.

Les rapports de la Banque mondiale, de l'Organisation pour la coopération et le développement économique (OCDE) et du PDNU condamnent tous cette vague montante d'inégalités. À partir d'observations effectuées à travers le monde, ils concluent que, contrairement aux idées du marché des années 1980, l'inégalité délibérément prônée par le thatcherisme et les *reaganomics* comme moyen de favoriser la croissance économique ne fait que la bloquer. L'échec de la théorie selon laquelle l'argent des plus riches finit par profiter aux plus démunis apparaît clairement à tous dans les paysages désespérants de la pauvreté mondiale.

Ces tendances sociales négatives surviennent dans un environnement où les avancées technologiques font que la production de richesse augmente uniformément plus vite que la population. Depuis 1900, la production de richesse mesurée sur la base du PNB global a été multipliée par trente-six, alors qu'au cours de cette même période, la population n'a fait que quintupler. Michael Bruno, de la Banque mondiale, explique que réduire l'inégalité non seulement bénéficie directement aux pauvres mais bénéficie à tous grâce à une croissance plus forte.

« Les villes qui donnent la priorité aux capacités humaines essentielles dans les domaines de l'enseignement, de la santé et de la nutrition non seulement mettent en valeur directement le bien-être, mais ont également plus de chances de voir apparaître une meilleure répartition des revenus ainsi que des revenus moyens plus élevés à long terme » (rapport de la Banque mondiale).

Le mode de croissance économique volontariste et dangereux pour l'écologie du monde en voie de développement entraîne une augmentation exponentielle de la pollution. La demande en énergie, en eau et en ressources se multiplie. Les Nations unies annoncent qu'1,3 milliard d'individus n'ont pas accès à l'eau propre et prédisent qu'ils seront près de 3 milliards à vivre une cruelle pénurie d'eau dans les cinquante années à venir. La crise écologique menace de s'amplifier.

Je soutiens que le monde développé – qui possède les richesses, contrôle les technologies et influence les moyens de production de manière disproportionnée – a la responsabilité, et il ne peut y échapper, de faire en sorte que son économie et ses villes soient durables. Nous devons maintenant mettre en œuvre une réelle efficacité qui réduise les niveaux de consommation. Comment parvenir à une répartition plus juste des ressources ?

Être durable, c'est trouver des moyens plus propices à la cohésion sociale, plus efficaces économiquement et plus sûrs écologiquement, de produire et de partager les ressources existantes. C'est sauvegarder la qualité de vie en fixant la valeur des biens détenus en commun – l'environnement et la communauté – et reconnaître notre dépendance mutuelle aux deux. La planète est parfaitement capable de subvenir à l'humanité tout entière si nous respectons les exigences de la nature et concentrons notre utilisation de l'énergie.

« La science découvre aujourd'hui qu'il y a largement assez pour tout le monde, mais uniquement si les barrières souveraines sont totalement levées. Le principe du “ toi ou moi pas assez pour les deux ergo l'un de nous deux doit mourir... ” est mort » (Buckminster Fuller).

L'application ferme de la durabilité dans le monde développé apportera une réduction extraordinaire des empreintes écologiques géantes et dangereuses des villes consuméristes. Elle mettra en place de nouvelles normes internationales et mènera le développement des premières technologies durables. Elle créera l'occasion de répartir la richesse mondiale de manière démocratique et aidera les mégavilles qui s'étalent dans les pays en voie de développement à faire face aux exigences faramineuses liées à leur propre croissance.

« Loin de devenir une pomme de discorde au niveau mondial, l'écologie lie les nations à une préoccupation commune, et c'est ce qui peut arriver de mieux aux relations internationales » (Greg Easterbrook).

Des réseaux de villes à travers le monde – partageant le savoir, les technologies, les services et les ressources recyclées, et élaborant des politiques communes qui à la fois respectent les cultures locales et mettent en œuvre des objectifs environnementaux communs – pourraient offrir la structure et le pouvoir qui permettront de parvenir à un véritable changement. À mesure que la conscience de notre dépendance commune à l'écologie mondiale s'étend, et que les communications modernes amènent les problèmes du monde à un niveau plus aigu et plus personnel, il peut y avoir liaison, coopération et soutien entre le monde développé et celui en voie de développement. L'expansion du pouvoir politique des villes et la reconnaissance de leurs responsabilités sociale et écologique pourraient réfonder totalement l'approche internationale des questions environnementales. L'ampleur de la tâche ne doit pas être sous-estimée, mais ne doit pas non plus dissuader d'agir dans le bon sens.

Notre but doit être d'atteindre un nouvel équilibre dynamique entre la société, les villes et la nature. La participation, l'éducation et l'innovation sont les forces motrices de la société durable.

Les politiques durables récoltent déjà des fruits visibles. Sur les ailes de ce succès et avec la détermination populaire, la durabilité pourrait devenir la philosophie dominante de notre époque. Ainsi, les villes, habitat de l'humanité, pourraient être à nouveau inscrites dans le cycle de la nature.

Des villes belles, sûres et équitables sont à notre portée.

Bibliographie

Cette bibliographie, entièrement en langue anglaise, est celle de l'édition originale.

Berman, Marshall, *All That is Solid Melts into Air: The Experience of Modernity*, Simon and Schuster, 1982

Brotchie, John; Baffy, Michael; Hall, Peter and Newton, Peter (eds), *Cities of the 21st Century, New Technologies and Spatial Systems*, première édition, Longman, 1991

Brown, Lester R. and others, *State of the World* – A *Worldwatch Institute Report on Progress Towards a Sustainable Society*, Earthscan Worldwatch Institute, 1992

Carson, Rachel, *Silent Spring*, Houghton Mifflin Co., 1962

Castels, Manuel and Hall, Peter, *Technologies of the World – The Making of 21st Century Industrial Complexes*, Routledge 1994

Davies, Robert, *Death of the Streets – Cars and the Mythology of Road Safety*, Leading Edge Press and Publications Ltd, 1992

Drucker, Peter F., *Post-Capitalist Society*, Butterworth Heinemann, 1993

Easterbrook, Greg, *A Moment on the Earth*, Penguin, 1995

Elkin, Tim; McLaren, Duncan and Hillman, Mayer, *Reviving the City – Towards Sustainable Urban Development*, Friends of the Earth, 1991

Elkins, Paul; Hillman, Mayer and Hutchison, Robert, *Wealth Beyond Measure – Atlas of New Economics*, Gaia Books, 1992

Freundt, Peter and Martin, George, *The Ecology of the Automobile*, Black Rose Ltd, 1993

Galbraith, John Kenneth, *The New Industrial State*, first edition, Andre Deutsch 1972; seconde édition, Penguin Books, 1991

Girardet, Herbert, *The Gaia Atlas of Cities*, Gaia Books, 1992

Gore, Al, *Earth in the Balance – Ecology and the Human Spirit*, Penguin, 1993

Hall Peter, *London 2001* and *Cities of Tomorrows*, Blackwell, 1988

Harvey, David, *The Condition of Postmodernity*, Basil Blackwel,l 1989

International Institute for Environment and Development, *Policies for a Small Planet*, Earthscan Publishers, 1992

Jacobs, Jane, *The Death and Life of Great American Cities – The Future of Town Planning*, première édition, Penguin, 1961; réédité par Pelican Books, 1965

Kelly, Kevin, *Out of Control*, Fourth Estate, 1995

Kennedy, Paul, *Preparing for the 21st Century*, HarperCollins, 1993

Kropotkin, Peter, *Mutual Aid – A Factor of Evolution*, Freedom Press, 1993

Leggett, Jermey, *Global Warming – The Greenpeace Report*, Oxford University Press, 1990

London City Council, *County of London Plan*, seconde édition, Macmillan and Co., 1943

Lovelock, James, *The Ages of Gaia*, Oxford University Press, 1988

Mumford, Lewis, *The City in History*, Harcourt Brace & World, 1961

Nijkamp, Peter and Perrels, Adrian, *Sustainable Cities in Europe*, Earthscan Publications, 1994

Ohmae, Kenichi, *The Borderless World*, Fontana, 1990

Papanek, Victor, *The Green Imperative*, Thames and Hudson, 1995

Pearce, David, *Blueprint I, II and III – Measuring Sustainable Development*, Earthscan, 1993–1997

Pearce, David; Markandya, April and Barbier, Edward B., *Blueprint for a Green Economy*, Earthscan Publications, 1989

Ponting, Clive, *The Green History of the World*, St Martin's Press, 1991

Porter, Roy, *London – A Social History*, Harvard University Press, 1995

Reich, Robert B., *The Work of Nations – A Blueprint for the Future*, Simon and Schuster, 1991

Rifkin, Jermey, *The End of Work: The Decline of the Global Labour Force and the Dawn of the Post-Market* Era, G. P. Putnam's Sons, New York, 1995

Rogers, Richard and Fisher, Mark, *A New London*, Penguin, 1992

Sennett, Richard, *The Fall of Public Man*, Faber and Faber, 1974

Seymour, John and Girardet, Herbert, *Blueprint for a Green Planet*, Dorling Kindersley, 1987

Sherlock, Harley, *Cities Are Good For Us*, Paladin, 1991

Sorkin, Michael, *Exquisite Corpse*, Verso, 1991

Thompson, William Irwin, *Gaia II – Emergence. The New Science of Becoming*, Lindisfarne Press, 1991

Turner, R. Kerry; Pearce, David and Bateman, Ian, *Environmental Economics, An Elementary Introduction*, Harvester Wheatsheaf, 1994

Ward, Barbara, *Progress for a Small Planet*, Penguin, 1979

Ward, Barbara and Dubos, René, *Only One Earth*, Penguin, 1972

Wilks, Stuart (ed.), *Talking About Tomorrow*, Pluto Press Collection, 1993

Williams, Raymond, *The Country and the City*, Hogarth Press, 1973

Index

Les illustrations sont signalées en italique.

Aalto, Alvar (architecte), 92
Abercrombie, Patrick (urbaniste), 53
Alsop, Will (architecte), 166, 198
Anson, Brian (architecte), 135, 140
Argentine, 80
Athènes (Grèce), 35-36, 152, 156

Ban, Shigeru (architecte-ingénieur), 110
Banque mondiale, 204, 206-207
Barcelone (Espagne), 34, 39-40, 204
Bath (Grande-Bretagne), 95
Berlin (Allemagne), 78
Berman, Marshall (écrivain), 41-42
Beyrouth (Liban), 26, 78
Bogota (Colombie), 80
Bohigas, Oriel (architecte), 39
Bombay (Inde), 26, 80
Bordeaux (France), palais de justice, 119-122, *120-121*
Boulding, Kenneth (économiste), 50
Bruno, Michael (Banque mondiale), 207

Cambridge (Angleterre), King's College, 105, *107*
centres commerciaux, 150
Corée, habitat industrialisé, 108, *110, 111*
Curitiba (Brésil), 38-39, 83-86, *82-83,* 191,199

Davis, Mike (écrivain), 30
Denver (Colorado), 58

Easterbrook, Greg (écrivain), 209

Florence (Italie), 106, 107
Ford, Peter (président de la London Transport), 152
Foster, Norman (architecte), 105
Fuller, Buckminster (ingénieur), 20, 36, 92, 208

Girardet, Herbert (écologiste), 51-52, 138-139
Grèce ancienne, 35-36, 183
Grimshaw, Nicholas (architecte), 168
Grozny (Tchétchénie), 78
Gummer, John (secrétaire d'État), 142, 163

Hadid, Zaha (architecte), 198
Hall, Peter (professeur de design urbain), 144
Hampshire, école maternelle et primaire, *105*
Harappa, civilisation de la vallée de l'Indus, 11
Himmerblau, Coop (architecte), 198
Hopkins, Michael et Patti (architectes), 166
Houghton, Sir John (physicien), 22
Houston (Texas), 31, *33*
Howard, Sir Ebenezer (urbaniste), 36, 53

Institut mondial des ressources (IMR), 58
Institute of Policy Research (État de Washington), 206
Ito, Toyo (architecte), 198

Jefferson, Thomas (architecte), 36
Joseph, Stephen (projet Transport 2000), 148

Kahn, Louis Isadore (architecte), 91
Kavanagh, John (État de Washington), 206
Kelly, Kevin (écrivain), 90, 176, 178
Keynes, John Maynard (économiste), 16
Kobe (Japon), logements d'urgence, 110, *112-113*
Koolhaas, Rem (architecte), 198

Las Vegas (Nevada), 25, 58
Le Corbusier (architecte) 36, 92, 198
Lerner, Jamie (architecte, maire de Curitiba), 83-86
Libeskind, Daniel (architecte), *109,* 198
logement, 108-110, 144-147
  logements d'urgences, 110, *112-113*
  habitat autonome (projet de recherche), *114-115*
  habitat industrialisé, 108-110, *111*
Londres, 15, 34, 128-173
  aménagements piétonniers, 156, *157, 158, 160,* 161, *162,* 163-164, 166, 168
  aménagements des rives de la Tamise, 142, *157-159,* 164, *165,* 166, *168-169, 172-173*
  bâtiment de la Lloyd's, 122, *122-123*
  British Museum, Reading Room, 106, *107*
  Docklands, *136,* 137-138
  Embankment, projet, *158-159,* 161
  Greenwich, plan de masse de la péninsule, *144-145*
  Hungerford Bridge, projet, *158-159,* 161
  logement, 144-147
  National Gallery, 96, 97-98
  projets pour le Millenium, *144-145, 170-171,* 172-173
  Royal Academy, Sackler Gallery, 105
  South Bank, *159, 166-167,* 168-169
  Trafalgar Square, *96,* 97-98, *155,* 156, 161-163, 168
  transport, 148, *149,* 150, *151,* 152-156, *155,* 161, *162,* 163-164, 172
  Victoria and Albert Museum, *109*
  Waterloo Station, 166-167
  Londres telle qu'elle pourrait être (exposition, 1986), *156-160,* 161
Los Angeles (Californie), 15, 30-31, 48, 60
Lovelock, James (écrivain), 46
Lubetkin, Berthold (architecte), 92

Majorque (Espagne), 77-78, *78-79*
Malthus, Thomas Robert (économiste), 11, 41
Manille (Philippines), 80
Maragal, Pascal (maire de Barcelone), 39-40
Marrakech (Maroc), Jamaa el Afra, 35
Marx, Karl, 41-42
Masa Verde (Nouveau-Mexique), *88*
Mearns, Andrew, 131
Mexico (Méxique), 22, *44,* 48, 80, 182
Milan (Italie), Galerie couverte, 34
Mitterrand, François, 38, 193

Naples (Italie), 152
Nervi, Pier-Luigi (architecte), 92
New York, Central Park, *94,* 95
Nolli, Giambattista (architecte), 95
Nottingham (Angleterre), projet d'un centre des impôts, *116,* 117, 119

Nouvel, Jean (architecte), 93
Nouvelle-Calédonie, centre culturel, *118*

Organisation des Nations unies (ONU)
  Agence de développement, 42
  Comité consultatif sur les changements climatiques, 22
  Conférence sur l'habitat (1996), 202-203
  rapport sur « Notre futur commun », 23
  Programme de développement, 206
  rapport annuel sur l'environnement (1993-1994), 12
  rapport global sur l'habitat humain, 80
  rapport sur le développement humain, 206
Organisation mondiale de la Santé (OMS), 48, 192
Organisation pour la coopération et le développement
  économique (OCDE), 206
Ove Arup & Partners (bureau d'études), 67, 98

Paris
  Louvre, 105, *107*
  Centre Pompidou, 35, 100, *101,* 102, *102-103*
parcs, 34, 67, *70,* 71, 95, 161
Pays-Bas, 146
Pearce, David (professeur d'économie), 186
Pei, Ieoh Ming (architecte), 105
Perrault, Dominique (architecte), 193
Philippines, 189
Phoenix (Arizona), *24,* 25, 58, 60
Piano, Renzo (architecte), 100, *118*
Port-au-Prince (Haïti), *81*
Porter, Roy (historien), 108
Portland (Oregon), 40
Portzamparc, Christian de (architecte), 193
Posner, Ellen (écrivain), 93
Price, Cedric (architecte), 198
Prouvé, Jean (architecte), 92
Puttnam, Sir David (cinéaste), 178

Rice, Peter (ingénieur), 98, 108
Rifkin, Jeremy (écrivain), 181
Rome (Italie), *93*
Rotterdam (Pays-Bas), 39

Saigon (Chine), 78
Salt Lake City (Utah), 58
San Francisco (Californie), 40, 58-59
São Paulo (Brésil), 26, 80, 85
Sarajevo (Bosnie), 78
Sassen, Saskia (écrivain), 194
Scarpa, Carlo (architecte), 105
Seattle (État de Washington), 40
Shanghai (Chine), 62-63, *64, 66,* 75
  projet du Lu Zia Sui, 66-67, *67-71,* 71-72, 76
Shenzhen (Chine), 63, *65*
Sienne (Italie), le Campo, 35
Stockholm (Suède), 156
Strasbourg (France), 152, 198

Thomas, Lewis (écrivain), 10
Tocqueville, Alexis de (écrivain), 130
Tokyo (Japon), *18,* 22, 106, *108,* 197
  concours pour le Forum, 98-99, *101*
  projet de tour-turbine, 124, *124-125*
transport, 16, 55-62, *56,* 85, 195, 199
  Curitiba (Brésil), 85-86
  Londres, 152-154, 169
  Shanghai (Chine), 67, *68-69,* 71
Trautmann, Catherine (maire de Strasbourg), 198

Van der Rohe, Mies (architecte), 92
Vasari, Giorgio (architecte et artiste), 106
Venise (Italie), place Saint-Marc, 35, 106, 182
Vérone (Italie), Castelvecchio, 105
ville
  « ville compacte », 54, 60-62, 72-73
  « ville dense », 53-54
  « ville durable » (définition), 200-202
  « ville globale », 193-194
Vinci, Léonard de, 36
Vitruve (architecte), 36

Walzer, Michael (politologue), 28
Worldwatch Institute (États-Unis), 185
Wright, Frank Lloyd (architecte), 36, 92

Biographies

Richard Rogers, né à Florence (Italie) en 1933, a étudié l'architecture à Londres et aux États-Unis. Médaille d'or du RIBA (Royal Institute of British Architects), il est surtout connu pour ses réalisations, pionnières du genre, tels le Centre Pompidou, à Paris, et la Lloyd's, à Londres, et pour ses projets d'aménagement urbain de grande envergure tels ceux de Shanghai, Berlin et Londres. Ancien président du Tate Trustees et vice-président de l'Arts Council of England et du National Tenants' Resource Center, il est aujourd'hui président de l'Architecture Foundation. Décoré en France de la Légion d'honneur, il a été anobli par la Reine en 1991 pour ses contributions à l'architecture et fait pair à vie en 1996. En 1998, Richard Rogers a été invité par le vice-Premier ministre à présider la Task Force sur l'urbanisme créée par le gouvernement pour préparer les lignes directrices d'un plan stratégique global pour l'Angleterre.

Sir Crispin Tickell est chancelier de l'université de Kent à Canterbury et membre du Governmental Panel on Sustainable Development (Comité gouvernemental sur le développement durable). Il a été secrétaire permanent de l'Overseas Development Administration et représentant permanent de la Grande-Bretagne auprès des Nations unies. Conseil auprès des Premiers ministres successifs sur les questions environnementales, il est l'auteur de *Climatic Change and World Affairs* et de nombreux articles et conférences sur ce thème.

Philip Gumuchdjian était, jusqu'en 1998, directeur associé de Richard Rogers Partnership où il a travaillé sur le plan de masse de la péninsule de Greenwich et fait partie de la première équipe chargée de concevoir le Millenium Dome. Responsable de l'exposition, qui a fait école, *Londres telle qu'elle pourrait être* à la Royal Academy, il a collaboré aux *Reith Lectures* de Rogers à la BBC et au Thames Millenium Plan. En 1998, il fonde Gumuchdjian Associates et crée la Local Zone dans le Millenium Dome. Il a été rapporteur de « Villes au XXIe siècle » lors de la conférence Habitat II des Nations unies à Istanbul et contribue en tant qu'expert au comité Urban 21 du gouvernement allemand, chargé d'apporter une réponse à Habitat II.

Achevé d'imprimer sur les presses
de l'imprimerie Hérissey à Évreux
en novembre 2000
N° d'impression : 88474
Dépôt légal : novembre 2000